Mme Z. CARRAUD

LA
PETITE JEANNE

ou

LE DEVOIR

NOUVELLE ÉDITION

contenant 9 Gravures intercalées dans le texte

PARIS, LIBRAIRIE HACHETTE ET Cie
BOULEVARD SAINT-GERMAIN, 79

LA

PETITE JEANNE

OU

LE DEVOIR

LIVRE DE LECTURE COURANTE
SPÉCIALEMENT DESTINÉ AUX ÉCOLES PRIMAIRES DE FILLES

PAR Mme Z. CARRAUD

OUVRAGE COURONNÉ PAR L'ACADÉMIE FRANÇAISE

NOUVELLE ÉDITION
Imprimée sur papier teinté conformément aux prescriptions de la commission
de l'hygiène de la vue

PARIS
LIBRAIRIE HACHETTE ET Cie
79, BOULEVARD SAINT-GERMAIN, 79

1884

BOURLOTON. — Imprimeries réunies, A, rue Mignon, 2, Paris

LA
PETITE JEANNE

ou

LE DEVOIR.

PREMIÈRE PARTIE.

ENFANCE DE JEANNE.

La mère Nannette.

Il y avait dans un bourg du département du Cher une bonne veuve âgée de soixante ans, qu'on appelait la mère Nannette. Elle possédait une petite maison avec une petite chènevière et un jardin planté de pommiers, de pruniers et de groseilliers. Du côté du chemin, un gros noyer, qui avait plus de cent ans, ombrageait le devant de sa porte. Quand les fleurs de cet arbre ne gelaient pas au printemps, il donnait assez de noix à la mère Nannette pour qu'elle eût sa provision d'huile l'année suivante. S'il se faisait deux bonnes récoltes de suite, elle vendait une partie des noix, ce qui lui donnait un petit profit. Quoiqu'elle possédât une vigne et un beau morceau de terre, elle n'avait que bien juste ce qu'il lui fallait pour vivre.

Elle semait du froment deux années de suite dans son champ, qui, la troisième, rapportait alternativement du trèfle et des pommes de terre. Elle récoltait assez de blé pour se nourrir pendant les trois ans. Mais si l'année était mauvaise, la mère Nannette vendait la pièce de toile qu'elle avait fait faire avec le chanvre amassé et filé pendant quatre ans. L'argent qu'elle en retirait lui servait à compléter sa provision de blé ; et, malgré tout cela, elle pâtissait bien un peu l'hiver.

Pour que la terre rapporte chaque année sans se reposer, il faut beaucoup de fumier ; la mère Nannette, qui le savait bien, avait une vache et une chèvre qu'elle menait paître sur les communaux et le long des haies. Avec leur lait elle faisait du beurre et des fromages, qu'elle vendait à la ville voisine. Quand ses bêtes étaient rentrées à l'étable, elle allait chercher pour elles de l'herbe dans les champs et au bord des ruisseaux. Comme elle les tenait bien proprement, elles étaient en bon état. L'hiver, elles mangeaient ou du trèfle qui avait été rentré bien sec, ou du regain récolté après la fauche des grands foins.

La mère Nannette vendait son vin et ne buvait que sa boisson [1] ; mais, comme l'argent qu'elle tirait de son vin suffisait bien juste, avec celui de son beurre et de ses fromages, à payer l'impôt et les façons de son champ et de sa vigne, et qu'il lui fallait encore se procurer quelque argent pour son entretien, elle élevait des oisons qu'elle achetait

---

1. Eau passée sur la râpe ou le marc de la vendange.

au sortir de la coque. Elle se donnait beaucoup de mal pour appâter ces petites bêtes et pour les garantir du froid pendant la nuit. Ses voisines plumaient leurs oies quatre fois avant de les ven-

Chaumière de la mère Nannette

dre ; mais la mère Nannette disait que c'était une mauvaise méthode, parce qu'ainsi la plume n'avait pas le temps de se nourrir, et elle ne plumait les siennes que trois fois ; puis elle en vendait la moitié pour la Toussaint et l'autre moitié à Noël.

Tout cela ne lui rapportait pas une grosse somme ; mais elle était si ménagère qu'il lui restait toujours un peu d'argent à la fin de l'année. Pourtant elle ne se nourrissait pas trop mal, disant qu'elle aimait mieux donner au boucher une pièce de cinquante centimes toutes les semaines, que vingt-cinq francs par an au médecin et au pharmacien.

Catherine et Jeanne.

Un matin, la mère Nannette, tricotant devant sa porte, vit venir à elle une jeune femme qui tenait par la main une petite fille de sept à huit ans et qui lui demanda un morceau de pain. Comme cette femme était très-pâle et avait l'air malade, la mère Nannette l'emmena dans sa maison et la fit asseoir. Elle ralluma son feu, fit réchauffer un reste de soupe qu'elle avait gardé pour son repas du soir et le donna aux deux mendiantes. L'enfant mangea de si bon cœur, que la mère Nannette vit bien que cette petite fille n'avait pas souvent si bonne chance. Ensuite elle leur versa un verre de boisson à chacune, et dit à la pauvre femme :

« Mon Dieu ! il faut qu'il vous soit arrivé un bien grand malheur, pour qu'une femme, aussi jeune que vous, ait pu se décider à demander son pain !

— Oh ! oui, un bien grand malheur, ma chère femme. Il faut se trouver dépourvue de toute ressource pour se résoudre à en venir là. J'ai bien souffert de la faim avant de pouvoir me décider à tendre la main ; je crois que je me serais plutôt laissé mourir, si je n'avais la crainte de Dieu et si je n'aimais tant cette pauvre innocente que voilà, et qui serait morte aussi. Quand il m'en coûte

Catherine et Jeanne.

trop pour aller demander, je la regarde et je reprends courage. C'est bien triste, allez, ma chère femme, quand on a du cœur, de vivre en ne

faisant rien, aux dépens de ceux qui travaillent !
mais je ne peux pas faire autrement.

— Pourquoi donc? dit la mère Nannette. Con-
tez-moi ça. »

La pauvre femme dit à la mère Nannette :

« Je suis du village qui est auprès du Cher, à
trois lieues d'ici. Il y a deux mois, j'ai perdu
mon mari à la suite d'une grosse maladie qui l'a
retenu au lit pendant bien longtemps. J'ai vendu
tout ce que j'avais afin de pouvoir le soigner.
Quand il n'y a plus rien eu à la maison que le lit
sur lequel il était couché, il a bien fallu s'endetter.
Après sa mort, on a vendu la maison, le jardin,
la chènevière, enfin tout, pour payer le médecin
et les autres, et je ne sais plus où me retirer. On
ne veut pas me louer, même une petite chambre,
parce que je n'ai pas de mobilier pour répondre
du loyer. Je couche avec ma petite Jeànne dans les
granges, quand on veut bien m'y souffrir, ou bien
sur les tas de chaume. C'est bon à présent qu'il
fait chaud ; mais plus tard, comment faire avec
cette enfant, moi à qui les médecins ont défendu
de sortir pendant tout l'hiver ? »

Et la pauvre malheureuse se mit à pleurer. Sa
petite fille pleura aussi en l'embrassant. Elle avait
l'air si doux et si aimable, cette petite, que la
mère Nannette sentit fondre son cœur en pensant
à la misère qu'elle endurerait quand l'hiver serait
venu. Aussitôt il lui vint dans l'idée de faire une
bonne action.

La mère Nannette donne asile à Catherine.

« Comment vous appelez-vous donc ? demanda la mère Nannette.

— On m'appelle Catherine Leblanc.

— Eh bien ! Catherine, j'ai là un vieux lit, une paillasse et une couverture ; si vous voulez rester ici, je vous logerai de bien bon cœur et je vous soignerai de mon mieux, ainsi que votre petite ; j'aime beaucoup les enfants ; j'en ai eu quatre, que le bon Dieu m'a retirés, et je suis bien seule au monde.

— Grand merci ! ma brave femme ; vous me rendrez là un service qui nous sauvera la vie à moi et à mon enfant. J'ai encore mon lit, avec un coffre et une petite chaise. Maître Guillaume, le cousin de feu mon pauvre homme, me les garde dans sa grange ; il me les apportera bien dimanche. Si vous me logez avec mon chétif mobilier, je vous donnerai les sous que je ramasserai en allant aux portes.

— Je ne vous demande rien, Catherine ; j'aime déjà votre petite Jeanne et j'en aurai bien soin. Dieu veut que nous fassions aux autres ce que nous voudrions que les autres fissent pour nous ; et si j'étais dans votre position, je serais bien heureuse de trouver quelqu'un qui voulût me recevoir dans sa maison. »

Catherine était bien contente, et sa petite fille lui sauta au cou.

« Maman ! il ne faut plus pleurer, » lui dit-elle.

Puis, se tournant du côté de la mère Nannette, elle dit en baissant la tête :

« Je voudrais bien vous embrasser aussi. »

La mère Nannette la prit sur ses genoux et l'embrassa de bon cœur.

Catherine et Jeanne trouvent un bracelet.

Après que la mère et la fille se furent reposées, elles se remirent en chemin pour aller chercher leur pain dans la campagne, en disant qu'elles reviendraient le soir. Comme on était dans la saison des prunes et des groseilles, la mère Nannette en alla cueillir au jardin et les mit dans le bissac de Jeanne, pour qu'elle pût se rafraîchir quand elle aurait trop chaud.

Comme elles traversaient la grande route pour revenir chez la mère Nannette, après avoir achevé leur tournée, la petite Jeanne vit briller un objet au soleil ; elle courut le ramasser et l'apporta joyeusement à sa mère.

« Voyez donc, maman, le joli collier que j'ai trouvé ; je le mettrai dimanche à mon cou.

— Ma fille, ceci est un bijou qui se porte autour du bras et qu'on appelle bracelet. Il n'est pas à nous, et nous ne pouvons pas le garder.

— Pourquoi donc, maman ? Puisque je l'ai trouvé, c'est bien à nous.

— Non, ma fille ; ce qu'on trouve ne nous appartient pas ; il y a toujours quelqu'un qui l'a perdu.

— Mais, maman, si personne ne l'a perdu ?

— Ce n'est pas possible, mon enfant : les bijoux ne poussent pas comme l'herbe dans les champs.

— Et si personne ne le redemande?

— Ça ne doit pas nous empêcher de chercher à qui ce bracelet peut appartenir; nous nous en informerons dans tout le pays.

— Et s'il n'est à personne?

— Eh bien, nous le garderons soigneusement, et l'on finira par venir le réclamer. »

Jeanne ne paraissant pas très-contente, sa mère lui dit : « Écoute-moi, ma Jeanne : si tu avais perdu ton bissac en chemin, ne serais-tu pas contente qu'on te le rendît?

— Oui, maman, car il m'est bien utile pour mettre le pain qu'on me donne.

— Eh bien! la dame qui a perdu ce joyau en est en peine; elle le regrette comme tu regretterais ton bissac. Dès que nous saurons où elle demeure, nous le lui reporterons. »

Quand elles furent rentrées chez la mère Nannette, elles lui montrèrent ce qu'elles avaient trouvé et lui demandèrent si elle savait qui pouvait avoir perdu un si beau bijou.

« Ce ne peut être que Mme Dumont; il n'y a qu'elle dans le pays qui porte des choses pareilles. Elle demeure dans le voisinage, derrière les beaux arbres que l'on voit d'ici. Il faut aller le lui reporter tout de suite, si vous n'êtes point trop lasses; je suis sûre qu'elle en est fort inquiète.

— Je suis trop fatiguée pour marcher encore; mais demain matin j'irai chez cette dame avec Jeanne, et je lui rendrai ce qui est à elle. Comme on nous a beaucoup donné aujourd'hui et que je suis très-lasse, je me reposerai demain toute la journée, pour avoir la force d'aller samedi dans notre village, prier maître Guillaume de m'apporter mon lit. »

Catherine et sa fille reportent le bracelet.

Le lendemain matin, Catherine peigna les grands cheveux noirs de sa petite fille avec encore plus de soin qu'à l'ordinaire; elle lui lava le visage et les mains, l'habilla le plus proprement qu'elle le put, et elles partirent pour aller chez M:ne Dumont.

Elles arrivèrent devant une grille qui servait de porte à un beau jardin; mais, comme il n'y avait personne, Catherine suivit le mur et vit une grande porte qui donnait dans la cour et qui était ouverte. Une servante, qui l'aperçut, lui apporta un morceau de pain et deux sous.

« Merci, mademoiselle, dit Catherine; mais je voudrais parler à votre dame.

— Ma pauvre femme, on ne peut guère la voir à cette heure-ci.

— Eh bien ! voulez-vous lui demander si c'est elle qui a perdu ce que j'ai trouvé hier sur la grande route ? »

Et elle montra le bijou, qu'elle avait enveloppé d'un chiffon bien blanc.

« Justement ! c'est le bracelet que madame a perdu hier en se promenant avec les enfants ! Elle va être bien contente de le retrouver ; car nous

l'avons cherché jusqu'à là nuit. Je vais le lui porter : en attendant, ma brave femme, asseyez-vous
sur le banc. Petite, viens avec moi, tu rendras
toi-même le bracelet à madame. »

La petite Jeanne regarda sa mère, qui lui dit :
« Va, ma fille, et sois bien honnête. »

Madame Dumont.

La servante prit Jeanne par la main et la fit entrer dans la maison. Elles montèrent un grand
escalier et traversèrent une chambre pleine de
beaux meubles. Jeanne ouvrait de grands yeux, car
elle n'avait jamais rien vu de semblable. Elles entrèrent dans une autre chambre où il y avait deux
lits tout blancs. Mme Dumont était occupée à peigner les cheveux blonds d'une petite demoiselle
qui était de l'âge de Jeanne, et qui se mit à dire :

« Ah ! maman, la jolie petite fille ; voyez donc !»
Mme Dumont leva les yeux, et sa servante lui
dit :

« Cette enfant a trouvé le bracelet de madame et vient le lui rapporter. Allons, petite,
avance donc ; madame est bien bonne ; n'aie pas
peur ! »

Jeanne se laissa mener par la servante en tenant
la tête baissée et sans oser seulement lever les
yeux.

La dame lui dit :

« Tu ne sais pas tout le plaisir que tu me fais,
mon enfant, en me rapportant ce bracelet. Qui
es-tu donc ? »

Comme Jeanne ne disait rien, la servante répondit pour elle

« Madame, sa mère est en bas à la porte; c'est une pauvre femme qui demande son pain.

— Je descendrai la voir aussitôt que j'aurai relevé les cheveux d'Isaure.

— Madeleine, s'écria la petite demoiselle blonde, j'espère que tu ne diras plus que le vendredi est un jour de malheur : tu vois bien que l'on peut être heureux ce jour-là tout comme un autre.

— Et je ne veux pas qu'il n'y ait de bonheur que pour moi aujourd'hui, ajouta Mme Dumont; cette pauvre femme sera bien récompensée. »

Mme Dumont descendit alors, suivie d'Isaure et de la servante, qui tenait toujours Jeanne par la main. Quand elle fut arrivée au bas de l'escalier, elle appela Catherine, et, la voyant si pâle, elle la fit asseoir.

« Où avez-vous donc trouvé mon bracelet ?

— Madame, c'est Jeanne, ma petite fille, qui l'a vu reluire au soleil et qui l'a ramassé au bord du fossé sur la route

— Je vous remercie de me l'avoir rapporté, et voici quinze francs pour vous récompenser de votre probité.

— Oh ! merci, madame : je n'ai fait que mon devoir en vous rendant ce qui vous appartient; je ne dois pas en être récompensée.

— Eh bien ! comme vous m'avez fait un grand plaisir, je veux vous en faire un aussi : prenez donc cet argent.

— Que Dieu vous bénisse, madame, pour le bien que vous me faites !

— Mais, dites-moi : il me semble que je ne vous ai jamais vue dans ce pays-ci ? Pourquoi mendiez-vous donc, étant encore dans la force de l'âge ?

— C'est que, madame, j'y suis forcée par ma grande misère. »

Alors elle raconta son malheur et la charité de la mère Nannette.

« Catherine, vous enverrez vo're petite fille ici tous les vendredis, et je lui donnerai une pièce de cinquante centimes.

— Que Dieu vous récompense, madame ! »

Et Catherine, ayant pris sa fille par la main, sortit pour retourner chez la mère Nannette.

En entrant, elle lui présenta les trois pièces de cinq francs qu'on lui avait données :

« Prenez-les, mère Nannette ; ça vous dédommagera un peu ; car il n'est pas juste que vous me logiez pour rien si je puis vous donner quelque chose.

— Vous savez bien, Catherine, que je ne veux rien accepter pour cela ; ce n'est pas une grande gêne pour moi de vous avoir dans ma maison, qui peut nous loger toutes les deux ; mon feu peut faire bouillir votre pot en même temps que le mien. Mais donnez-moi votre argent ; je vous le garderai pour acheter ce qui vous sera nécessaire. »

Catherine va dans son village.

Après s'être reposée tout le reste de la journée, Catherine se coucha de bonne heure. Le lendemain elle éveilla Jeanne de bon matin ; elle l'habilla et lui lava les mains et le visage ; puis, après lui avoir fait faire sa prière, elle lui dit :

« Ma fille, il faut que j'aille à notre village pour prier maître Guillaume de m'amener ici notre pauvre mobilier. Je ne peux pas t'emmener, tu es trop petite pour faire tant de chemin ; tu ne marcherais pas pendant trois lieues de suite. Si la mère Nannette, qui est une brave femme, veut bien te garder avec elle pendant ce temps-là, j'irai trouver maître Guillaume, et tu m'attendras ici ; je coucherai dans sa grange, et demain de bonne heure je serai de retour. »

La petite Jeanne pleura un peu ; mais, quand elle eut considéré la bonne figure de la mère Nannette, elle dit qu'elle voulait bien rester ; Catherine partit, et Jeanne, s'approchant tout doucement de la mère Nannette, lui dit :

« Voulez-vous m'emmener aux champs avec vous ? je garderai bien les oisons.

—Oui, ma Jeanne, je ne demande pas mieux. »

Après l'avoir fait déjeuner avec elle, la mère Nannette amena les oisons sous le noyer, et Jeanne les garda pendant que la vieille femme détachait sa vache et sa chèvre. Cette petite s'entendait si bien à conduire les oies et à les empêcher de faire du dommage, que la mère Nannette en était tout étonnée.

Vers les dix heures, comme il commençait à faire chaud, elles firent rentrer les bêtes, qui ne voulaient plus manger dehors, parce qu'elles étaient tourmentées par les mouches. Jeanne voulut ensuite aller à l'herbe ; elle en ramassa un bon petit paquet qu'elle lia dans son tablier, et elle le posa sur sa tête en le maintenant avec ses deux petites mains, pour le rapporter à la maison. La mère Nannette lui donna des prunes pour son goûter ; et, quand la chaleur fut tombée, elles firent sortir encore les bestiaux, et ne les ramenèrent qu'à la brune, en passant par l'abreuvoir. On leur donna pour la nuit une grande partie de l'herbe qui avait été ramassée. La mère Nannette fit une bonne soupe aux pommes de terre, et Jeanne, qui n'était pas habituée à en avoir de pareille, en mangea une grande assiettée ; puis elle se coucha. L'enfant était bien un peu lasse, mais très-contente d'avoir aidé la mère Nannette.

La mère Nannette mène Jeanne à la messe.

Le lendemain, en s'éveillant, la petite Jeanne appela sa mère ; puis, se souvenant qu'elle n'était pas là, elle se leva, s'habilla et pria la mère Nannette de la laver et de la peigner, comme faisait Catherine ; ensuite, elle se mit à genoux et fit sa prière.

« Quelles prières sais-tu ? lui demanda la mère Nannette.

— Je sais *Notre Père* et *Je vous salue, Marie.*

— Dis-les donc tout haut. »

Jeanne les récita sans en manquer un mot. Quand elle eut fini, comme elle restait encore à genoux, la mère Nannette lui demanda :

« Que dis-tu donc encore ?

— Je demande au bon Dieu d'avoir pitié de

nous et de bénir tous ceux qui nous assistent ; je dis votre nom le premier et celui de Mme Dumont après. Maman me l'a fait dire comme cela hier. »

La messe sonna, et la mère Nannette prit ses beaux habits. Elle regarda la petite Jeanne, et, lui voyant un fichu tout déchiré, elle lui en mit un des siens ; puis elles partirent pour l'église, emportant chacune sa chaise.

Pendant toute la messe, Jeanne tint un chapelet que lui avait prêté la mère Nannette, et dit ses prières. Elle ne tourna point la tête pour voir qui entrait ni qui sortait ; elle se mettait à genoux en même temps que tout le monde, et se relevait comme les autres.

M. le curé, après la messe, demanda à la mère Nannette où elle avait pris cette enfant-là. Alors elle lui raconta l'histoire de Catherine.

« Mère Nannette, vous êtes une digne femme, lui dit-il ; la parole de Dieu n'est pas perdue pour vous. »

Retour de Catherine.

Vers midi, l'on vit venir maître Guillaume dans une charrette attelée d'un bel âne brun. Il s'arrêta devant la porte de la mère Nannette, et fit descendre Catherine, qui fut bien contente de revoir sa petite Jeanne qu'elle n'avait jamais quittée auparavant. Elle détela l'âne ; la mère Nannette le prit par le licou pour l'attacher dans l'étable à côté de sa vache ; puis elle remplit le râtelier de bon trèfle, et revint aider Guillaume à descendre le coffre et

le lit de Catherine. Ce lit avait des rideaux de toile
rayée et une paillasse que Guillaume avait rem-
plie de paille fraîche, en souvenir de son amitié

Jeanne récite ses prières.

pour son parent, l'homme défunt de Catherine. Il
y avait aussi une petite chaise. On monta le ciel
du lit dans un coin de la chambre, qui était fort

grande ; on mit le châlit dessous et le coffre au pied du lit.

« A présent que tout est en place, vous allez goûter avec nous, maître Guillaume, dit la mère Nannette. J'ai fait une bonne fricassée de pommes de terre nouvelles que j'ai accommodées avec mon beurre tout frais ; j'ai aussi cueilli une salade dans mon jardin, et nous l'assaisonnerons avec l'huile de mon noyer. Mon pain n'a que quatre jours, et mes pruniers, sans les vanter, donnent d'excellentes prunes. »

En disant cela, elle alla au cellier avec la petite Jeanne, et en rapporta du vin bien rouge, qui écumait tout autour de la gueule du broc.

« Voyez-vous, maître Guillaume, dit-elle en posant le vase sur la table, j'ai toujours un quartaut de bon vin en perce. Si quelque voisin reçoit un mauvais coup, je lui en porte un peu ; quand un malade en convalescence n'a pas de vin pour se refaire, je lui en donne aussi longtemps qu'il en a besoin ; et tous les dimanches j'en donne aussi une chopine au père Bonnet, le vieux pauvre du bourg : ça le réchauffe, le cher homme, qui aura quatre-vingts ans à Noël prochain. Pour moi, je n'en bois guère que lorsque j'ai du monde, comme aujourd'hui. »

L'on se mit à table et l'on mangea les pommes de terre, qui étaient excellentes. Maître Guillaume, remplissant son verre jusqu'aux bords, se leva, ôta son chapeau et dit :

« Je bois à la santé de la mère Nannette, qui a compassion du pauvre monde ! »

Quand on eut fini, la mère Nannette tira un bon seau d'eau fraîche pour faire boire l'âne de maître Guillaume. Il l'attela et s'en retourna chez lui.

Catherine va à la porte de M. le curé.

Après le départ de maître Guillaume, Catherine prit sa fille par la main et lui donna son bissac; elles firent une tournée dans le bourg et dans les métairies des environs. En passant, elles s'arrêtèrent devant la porte de M. le curé, qui les fit entrer.

« Ma bonne femme, dit-il à Catherine, pourquoi ne placez-vous pas cette enfant chez quelque cultivateur qui l'enverrait aux champs garder les bestiaux? Elle y serait plus heureuse qu'elle ne peut l'être avec vous, et elle ne s'accoutumerait pas à mendier. Prenez garde! vous en ferez une fainéante.

— Monsieur le curé, il y a longtemps que j'y ai pensé, et je vous assure que c'est un grand chagrin pour moi que de la voir aller aux portes : il y a même des jours où elle ne peut s'y décider; mais je suis si faible, si malade, que je ne pourrai sortir de tout l'hiver.

— Pourquoi donc cela ?

— C'est que les médecins l'ont défendu, parce qu'ils disent que j'ai les poumons attaqués. Je tousse beaucoup et je suis incapable de travailler; si Jeanne ne va pas demander du pain pour moi, il faudra donc mourir de faim ! Mais soyez tranquille, monsieur le curé, je placerai ma petite Jeanne chez d'honnêtes gens aussitôt que je le pourrai ; ça me peine bien trop de mendier à mon âge, pour vouloir que ma fille en fasse autant.

— Vous avez raison, ma brave femme. Nous verrons dans quelque temps ce qu'on pourra faire pour vous : en attendant, vous viendrez tous les dimanches ici chercher vingt-cinq centimes.

— Grand merci, monsieur le curé : ces vingt-cinq centimes-là, avec les cinquante que me donne Mme Dumont, serviront à nous acheter quelque chose pour nous habiller ; car j'ai honte de nos guenilles. »

La mère Nannette fait la lessive.

Deux jours après, la mère Nannette dit qu'elle allait faire la lessive. Catherine lui proposa de l'entasser pendant qu'elle mènerait ses bêtes aux champs. La petite Jeanne alla toute seule aux portes : elle eut bien de la peine à s'y décider ; mais quand sa mère lui eut fait comprendre que, si elle ne l'accompagnait pas, c'était pour rendre service à la mère Nannette, la petite partit sans rien dire. Elle rentra le soir bien joyeuse, parce qu'elle rapportait beaucoup de pain et une paire de sabots presque neufs qu'une femme lui avait donnée ; elle les avait mis tout de suite à ses pieds, car les siens étaient tout percés.

En passant auprès de l'abreuvoir, elle s'était arrêtée pour regarder un homme qui lavait des radis et en faisait de petits paquets. Il lui avait dit :

« En veux-tu, petite, que tu les regardes si bien ? »

Jeanne baissa la tête et ne dit rien, car elle n'était pas hardie.

« Allons, lui dit l'homme, tends ton tablier. »

Et il lui en jeta une bonne poignée. La petite Jeanne le remercia et fut bien contente. La mère Nannette lui donna du sel pour manger ses radis, et elle fit un bon souper, ainsi que sa mère.

Catherine dit à la mère Nannette :

« Je chaufferai votre lessive demain et je vous aiderai à la laver après-demain. On a beaucoup donné à Jeanne : elle ira à l'herbe et conduira les oisons aux champs ; cela vous fera gagner du temps, et vous pourrez travailler un peu. »

La petite Jeanne va chez Mme Dumont.

Le vendredi, Jeanne, en s'éveillant, dit à sa mère :

« C'est aujourd'hui que nous devons aller chez la dame chercher les cinquante centimes ; nous irons, n'est-ce pas, maman ?

— Ma fille, tu iras toute seule, car il faut que j'aide la mère Nannette à laver son linge. Tu vas même y aller ce matin, afin de mener les oisons et la chèvre aux champs quand tu seras revenue.

— Maman, jamais je n'oserai entrer toute seule dans cette belle maison.

— Pourquoi donc, ma Jeanne ? Cette dame est si bonne, que tu ne dois pas craindre de lui parler. Je vais t'habiller le plus proprement que je le pourrai. Trouveras-tu bien la maison ?

— Oh! oui : je suivrai le ruisseau jusqu'au moulin, et j'y arriverai tout droit. »

En partant, Jeanne prit un bâton pour se défendre contre les chiens qu'elle pourrait rencontrer. Elle arriva devant la grille du jardin, et vit sous un berceau de chèvrefeuille M. et Mme Dumont qui déjeunaient avec leurs enfants. Ce fut Isaure, la petite demoiselle aux cheveux blonds, qui vit Jeanne la première :

« Maman, voici la jolie petite fille qui a rapporté le bracelet. »

Et elle se leva pour aller lui ouvrir la grille ; mais son frère Auguste, qui avait déjà treize ans, courut plus vite qu'elle et fit entrer Jeanne.

« Tu viens chercher les cinquante centimes? » dit Isaure, qui n'était pas plus grande que Jeanne.

Puis, avec la permission de sa mère, elle prit un gros morceau d'une tarte aux prunes qui était sur la table, et le lui mit dans la main :

« Mange, petite ; c'est bien bon. »

Jeanne prit la tarte, mais elle n'y toucha pas.

« Tu n'as donc pas faim ?

— Si fait, mademoiselle, je n'ai pas encore déjeuné

— Tu n'aimes peut-être pas la tarte?

— Je ne sais pas, je n'en ai jamais mangé; mais elle sent bien bon ! je crois que c'est encore meilleur que la galette.

— Eh bien, pourquoi n'en manges-tu pas? »

Jeanne ne répondit rien.

Mme Dumont demanda aussi à Jeanne pourquoi elle ne touchait pas à sa portion de tarte. Elle lui répondit en baissant la tête :

« C'est que je voudrais l'emporter pour le goûter de maman et de la mère Nannette.

— Mon enfant, il n'y a pas de mal à cela, au contraire; tu fais bien de partager ce que tu as de bon avec la mère Nannette, qui vient au secours de votre grande misère; mais en voici un autre petit morceau, que tu vas manger là, devant moi. »

Quand Jeanne eut fini de manger, on lui fit boire un peu de vin et d'eau, et on lui donna une pièce de cinquante centimes toute neuve.

La petite Jeanne sauve la cane de la meunière.

Comme Jeanne, en s'en retournant, passait auprès du moulin, elle vit un jeune chien qui tenait une cane par la tête; il la secouait si fort qu'il n'aurait pas tardé à lui arracher le cou, si la petite Jeanne, qui était courageuse, n'eût frappé sur lui de toutes ses forces. Il lâcha la cane qui resta comme morte, étendue par terre. Ell. la ramassa et la mit dans son tablier pour la porter à la meunière. On fit prendre quelques gorgées de vin à la pauvre bête, et on la mit dans une corbeille pleine de plumes. Cette cane avait dix-huit canetons qui étaient restés au bord de l'eau; la meunière alla les chercher et en donna deux à Jeanne en lui disant :

« Tiens, ma petite, voilà deux canetons que je te donne, parce que tu as sauvé la vie à ma cane. Si tu les soignes bien, ils deviendront beaux, et tu pourras les vendre pour avoir un fichu et un tablier. Je vais aller te chercher deux œufs pour ton souper. »

La petite Jeanne mit les œufs et les canetons dans son tablier, et rentra tout de suite. Elle commença par montrer à sa mère les deux petits canards, et elle raconta comment la meunière les lui avait donnés. Elle posa les œufs sur la table, et tira de sa poche la pièce de cinquante centimes et le morceau de tarte aux prunes, qu'on avait enveloppé dans une feuille de papier. Elle répéta aussi tout ce qu'on lui avait dit chez Mme Dumont.

« Je vais acheter du beurre et du sel pour notre semaine avec ces cinquante centimes-là, dit Catherine.

— Pas encore, répondit la mère de Nannette ; vous travaillez aujourd'hui pour moi, il est bien juste que je trempe votre soupe en même temps que la mienne ; et j'ai là un fromage mou qui va bien régaler la petite Jeanne.

— Pourtant, mère Nannette, puisque vous me logez pour rien, je vous dois mes services.

— Si je ne vous récompensais pas quand vous travaillez pour moi, Catherine, ce serait comme si je vous faisais payer votre loyer. Je n'entends pas ça. »

Isaure va voir la petite Jeanne.

Quelques jours après, Isaure dit :
« Maman, si nous allions voir la petite Jeanne et cette bonne mère Nannette ?

— Je le veux bien, » dit Mme Dumont.

Et elle se mit en route avec ses deux filles et son fils. En entrant chez la mère Nannette, elles trouvèrent la veuve Catherine occupée à battre le beurre. Mme Dumont lui demanda où était sa petite fille.

« Elle est au lit, madame.

— Est-ce qu'elle est malade? dit vivement Isaure en se tournant du côté du lit, où l'on voyait la jolie tête de Jeanne sur le traversin.

— Dieu merci, non, ma chère demoiselle; mais j'ai nettoyé ses habits ce matin, et, comme elle n'a que ceux-là, il faut bien qu'elle reste au lit pendant qu'ils sèchent.

— Où est donc la mère Nannette?

— Elle garde ses bêtes, mais elle ne tardera pas à rentrer. Madame, si vous voulez vous asseoir en l'attendant, vous vous reposerez. Nous n'avons que trois chaises, mais le jeune monsieur se mettra bien sur un coffre. »

En entrant, Mme Dumont avait vu du premier coup d'œil que la maison et les meubles étaient de la plus grande propreté; elle s'assit donc sans crainte.

Isaure cause avec la petite Jeanne.

Pendant que sa mère parlait, Isaure était montée sur une chaise auprès du lit de Jeanne, et causait avec elle.

« Tu t'ennuies bien au lit, n'est-ce pas, petite Jeanne?

— Oui, mademoiselle, j'aimerais mieux être levée et garder les oisons de la mère Nannette;

mais il faut bien que maman nettoie mes habits ; elle dit que c'est bien assez d'être pauvre, et qu'il ne faut pas causer de répugnance aux gens qui nous soulagent.

— Tu vas donc tous les jours chercher ton pain ?

— Oh ! non, mademoiselle : quand on nous en donne beaucoup, nous restons à la maison aussi longtemps qu'il y en a ; c'est si pénible d'aller aux portes !

— Te donne-t-on toujours, quand tu demandes ?

— Mademoiselle, je ne demande rien ; je reste à la porte jusqu'à ce qu'on me donne. Quelquefois il n'y a personne dans les maisons, pendant la moisson, ou bien en temps de fenaison. Ces jours-là, je ne trouve pas grand'chose.

— Et quand on ne te donne rien ?

— Nous nous couchons sans souper ; ça nous est arrivé plus d'une fois avant d'être chez la mère Nannette ; mais elle ne veut pas que nous souffrions la faim, et, quand nous n'avons point de pain, elle nous en prête.

— Vas-tu t'amuser quelquefois sur la place de l'église avec les petites du bourg ?

— Oh ! mademoiselle, elles ne voudraient pas de moi !

— Tiens ! pourquoi ?

— C'est que je cherche ma vie.

— Sais-tu que c'est bien mal cela ! »

La mère Nannette rentra, et Mme Dumont la loua beaucoup de sa charité envers la pauvre veuve et son enfant.

Isaure veut donner une de ses robes à la petite Jeanne.

« Mon Dieu, maman, dit Isaure en retournant au château, j'ai tant de robes qui ne me servent plus ! ne pourrais-tu pas en donner une à la petite Jeanne ? J'avais le cœur gros en la voyant au lit faute de vêtements.

— Ma fille, tes robes seraient d'un mauvais usage pour cette enfant; elles resteraient accrochées aux épines des buissons auprès desquels il faut qu'elle passe, et la boue des mauvais chemins où elle est obligée de marcher emporterait le morceau quand elle voudrait les décrotter.

— Comment faire alors, chère maman, pour lui donner une robe ?

— N'as-tu donc plus rien dans ta bourse, mon enfant ?

— Oh si ! oh si ! dit vivement la petite fille ; je vais lui en acheter une ; de quelle étoffe, maman ?

— Il faut prendre le jupon en droguet bleu ; c'est fort solide, et le corsage en bonne cotonnade doublée.

— Moi, dit Sophie, la sœur d'Isaure, qui avait quatorze ans, je donnerai une jupe de dessous en flanelle rayée blanc et noir, et un corset de nankin.

— Et moi, que donnerai-je donc ? dit Auguste.

— Mon frère, tu as une cravate noire qui est tranchée au milieu, dont les bouts sont tout neufs ; ma bonne en fera un bonnet à Jeanne, et tu achèteras de la dentelle noire pour le garnir.

— Il ne me reste plus à donner que la chemise, le fichu et le tablier, » dit en souriant Mme Dumont.

Quand ils furent arrivés à la maison, les enfants racontèrent à leur père ce qu'ils voulaient faire pour Jeanne.

« Tout cela est très-bien, dit M. Dumont ; mais je vois que personne n'a pensé aux souliers. Vous habillez complétement cette petite, et vous la laissez nu-pieds !

— C'est pourtant vrai ! diront les enfants. Papa, il faut que vous donniez les souliers, pour que rien ne lui manque. »

On s'occupa le jour même d'acheter et de couper les vêtements de la petite Jeanne, afin de pouvoir les lui donner le vendredi suivant ; il n'y avait plus que quatre jours, il ne fallait pas perdre de temps. Isaure fit les ourlets, pendant que sa mère, sa sœur et la bonne faisaient les coutures. Quand tout fut fini, la bonne dit :

« Mesdemoiselles, vous croyez avoir pensé à tout ; il me restera pourtant quelque chose à donner aussi, et, quoique je ne sois pas riche, je veux prendre part à la bonne action que vous faites. Vous avez oublié le mouchoir et le serre-tête ! j'en donnerai des miens. »

Isaure habille la petite Jeanne.

Le vendredi, Isaure s'éveilla plus tôt qu'à l'ordinaire ; le cœur lui battait bien fort en pensant au plaisir qu'elle allait faire à la petite Jeanne. Longtemps avant le déjeuner, elle était à la grille, que son frère lui avait ouverte, et à chaque instant elle allait sur le chemin pour voir si Jeanne arrivait. Enfin, elle parut au bout de l'avenue : Isaure alla au-devant d'elle et la prit par la main; elle l'amena toujours courant dans le jardin, puis dans la maison, puis dans sa chambre. Quand elles y furent entrées, Sophie et la bonne déshabillèrent l'enfant et lui mirent sa chemise neuve et le reste de ses habits. On la coiffa; mais, quand il fallut lui mettre ses souliers, on s'aperçut qu'il manquait des bas.

« C'est un petit malheur, dit la bonne ; mesdemoiselles, il faudra lui en tricoter; comme il fait grand chaud, elle s'en passera bien d'ici à ce que vous lui en ayez fait. D'ailleurs, je crois bien que la pauvre petite n'en porte pas souvent.

— Oui! oui! dit Isaure, je vais commencer dès demain à lui en faire une paire; le voulez-vous, dites, maman? ajouta-t-elle en s'adressant à Mme Dumont, qui venait d'entrer dans la chambre.

— Certainement, mon enfant; si tu emploies bien ton temps, tu les auras finis dans quinze jours. »

La petite Jeanne remercia ces dames de tout son cœur. Isaure la ramena sous le berceau pour la faire voir à son père et à Auguste ; on la fit déjeuner, et, après avoir mis la pièce de cinquante centimes dans la poche de son tablier neuf, on fit un paquet de ses vieux habits. Elle le prit et s'en alla.

Jeanne ne resta pas longtemps en chemin, tant elle était pressée de faire voir ses beaux habits.

La mère Nannette et Catherine travaillaient à la porte de la maison

« Regardez donc, mère Nannette, dit la veuve, ne dirait-on pas que c'est Jeanne qui court là-bas? Je le croirais presque, si cette petite fille n'était pas si bien habillée.

— Et vous n'auriez pas tort, répondit la mère Nannette après avoir regardé un moment avec attention; c'est bien elle qui vient à nous toujours courant. Elle est si belle qu'on la prendrait pour la fille de maître Tixier, le fermier du Grand-Bail. »

Quand Jeanne fut à portée de se faire entendre, elle cria :

« Maman ! mère Nannette !

— Oh ! mon Dieu! ma fille! où as-tu donc pris ces beaux habits-là ?

— Ce sont les dames Dumont qui les ont faits exprès pour moi, parce que Mlle Isaure a eu du chagrin de me voir au lit le jour que vous avez lavé ma robe; elles m'ont dit qu'il fallait mettre mes habits neufs le dimanche pour aller à la messe, et quand vous nettoieriez les vieux.

— Et tu les mettras aussi le vendredi pour aller chez ces dames, ma fille. »

Catherine laissa la petite Jeanne dans sa toilette jusqu'au soir, en lui recommandant bien de ne pas se salir, et l'enfant s'occupa tout de suite de donner à manger aux canards, qui venaient très-bien.

Jeanne s'avise de faire des bouquets pour les vendre.

La veille du marché, Jeanne, tout en gardant ses oisons, remarqua de belles fleurs dans la haie du grand pré et au bord du ruisseau qui traversait le bois. Elle eut l'idée d'en faire des bouquets; elle les entremêla avec les épis de toutes sortes d'herbes des prés, et quand ils furent faits, elle les posa pour la nuit sur une grosse touffe de gazon; puis elle vint demander à la mère Nannette si elle voulait bien l'emmener en ville avec elle pour vendre ses bouquets. La mère Nannette dit que oui, et le lendemain Catherine mit à Jeanne ses beaux habits. L'enfant trouva ses fleurs aussi fraîches que si elle venait de les cueillir.

Aussitôt que la mère Nannette fut arrivée sur la place, tout le monde lui demanda où elle avait pris cette jolie petite fille.

« C'est une pauvre enfant qui demande son pain, répondit-elle.

— Elle est bien belle, pour demander l'aumône!

— C'est que des dames charitables ont eu pitié d'elle et l'ont habillée comme ça. »

En regardant la petite Jeanne, on regardait ses bouquets et on les lui marchandait.

« Payez-les-moi ce que vous voudrez; c'est pour maman qui est malade. »

On lui en donnait dix centimes; quelques dames qui étaient venues au marché les lui payèrent quinze ou vingt, tant elles la trouvaient jolie et modeste. Elle vendit tous ses bouquets, et rap-

porta un franc à sa mère. Depuis elle ne manqua
pas, quand il faisait beau, de faire des bouquets
pour aller les vendre. On ne les lui payait pas
toujours aussi cher; mais elle aimait mieux cela
que d'aller aux portes.

La petite Jeanne apprend à tricoter.

Le vendredi suivant, Jeanne alla comme à l'ordinaire chercher les cinquante centimes chez
Mme Dumont. Sophie lui fit voir les bas qu'elle
lui tricotait et qui étaient presque finis.

« Moi, je ne suis pas aussi avancée, dit Isaure;
je n'en suis encore qu'au premier bas : c'est que
je ne travaille pas aussi vite que ma sœur, parce
que je suis plus petite qu'elle.

— Que je voudrais donc bien en faire autant!
dit Jeanne.

— Veux-tu que je t'apprenne à tricoter?

— Je le veux bien, mademoiselle.

— Eh bien, dit Mme Dumont, tu viendras tous
les lundis, les mercredis et les vendredis à deux
heures.

— Oui, madame : ces jours-là je ne fais point
de tournée, parce que maman dit qu'il ne faut pas
ennuyer les gens qui nous assistent. Elle ne peut
presque plus marcher, car ses jambes sont enflées,
et je vais demander toute seule.

— Et comment fais-tu pour avoir un peu de
bois? car il faut du feu pour faire de la soupe?

— La mère Nannette nous laisse mettre notre
pot devant son feu; elle est si bonne! »

Jeanne ne manqua pas de venir apprendre à tricoter, et Isaure lui commença une jarretière ; rien n'était plus charmant à voir que ces deux petites têtes si près l'une de l'autre et ces petites mains entrelacées. Jeanne était assise sur un tabouret ; Isaure, à genoux derrière elle, tenait une des mains de son écolière dans chacune des siennes, pour lui apprendre à se servir de ses aiguilles ; elle passait sa tête par-dessus l'épaule de Jeanne, afin de voir comment elle s'y prenait.

Mme Dumont interroge la petite Jeanne.

« As-tu les mains propres ? lui demanda Mme Dumont.

— Oui, madame, je me les suis frottées dans le son que la mère Nannette a mis bouillir pour ses oisons. Maman se sert d'un petit bout de bois bien pointu pour nettoyer mes ongles.

— Elle est donc bien propre, ta maman ?

— Oui, madame ; tous les matins elle peigne ses cheveux dans l'étable, et les miens aussi ; et quand elle allait chercher son pain avec moi, nous nous arrêtions toujours au bord du ruisseau pour nous laver les pieds.

— Fais-tu habituellement ta prière, petite Jeanne ?

— Oui, madame, je la fais tous les soirs et tous les matins. Quand le temps est beau, nous la faisons dehors, et, quand nous passons devant l'église, nous entrons toujours pour prier l'enfant Jésus.

— Et que lui demandes-tu dans ta prière?

— Je le prie de me faire devenir bien grande et bien forte pour gagner notre vie, afin de ne plus demander à ceux qui ne nous doivent rien.

— Tu seras donc bien contente quand tu pourras travailler?

— Oh! oui, madame, je vous l'assure.

— Et que feras-tu de l'argent que tu gagneras, quand tu seras grande?

— Je donnerai du pain et une robe à maman; puis je donnerai aussi quelque chose à la mère Nannette, qui est si charitable pour nous.

— Mais elle me semble fort à l'aise, la mère Nannette.

— Madame, elle n'est pas riche, et, si elle n'épargnait pas autant, elle aurait bien de la peine à vivre. »

Au bout de quinze jours, Jeanne sut assez bien tricoter pour faire un bas. Sophie lui en commença un, et Jeanne fut très-joyeuse de faire voir à sa maman et à la mère Nannette comment elle travaillait. Quand elle gardait les oies et les deux petits canards, elle avait toujours son bas à la main; elle ne le quittait pas non plus pour aller aux portes. Les gens qui la voyaient si travailleuse lui donnaient souvent quelque chose avec son pain, ou bien des légumes pour mettre dans le pot; et quand on faisait de la galette dans les métairies, l'on gardait toujours la part de la petite Jeanne.

Catherine garde le lit.

Jeanne continua d'aller trois fois par semaine chez Mme Dumont. Les deux demoiselles avaient entrepris de lui enseigner à lire et à compter; elles continuaient de lui apprendre à tricoter, et chaque vendredi elle avait ses cinquante centimes.

Elle fut toute une semaine sans venir.

« Je crains bien que Jeanne ne soit malade, dit Mme Dumont; elle, qui est si exacte, n'a pas paru depuis huit jours.

— Maman, allons la voir! J'aime beaucoup la petite Jeanne; si elle était malade, il faudrait venir à son secours : elle est trop pauvre pour se procurer ce dont elle a besoin. »

Et en disant cela Isaure courut appeler sa sœur et mettre son chapeau.

En arrivant chez la mère Nannette, ces dames virent la petite Jeanne qui pleurait à la porte de la maison. Isaure courut à elle :

« Tu pleures, petite Jeanne? qu'as-tu? qui t'a fait du chagrin?

— Mademoiselle, c'est que maman est bien malade. »

Mme Dumont laissa ses filles avec Jeanne, et entra dans la maison. Catherine était au lit, si pâle qu'on l'aurait crue morte déjà.

« Pourquoi ne m'avoir pas fait dire que vous étiez malade, ma pauvre femme? Ce n'est pas bien cela ; il fallait envoyer votre petite fille nous avertir.

— Merci, ma chère dame ; mais vous êtes si généreuse pour elle, que je n'ai pas voulu abuser de votre bonté. D'ailleurs, je n'aurai bientôt plus besoin de rien, je le sens ; j'ai trop pâti depuis que j'ai perdu mon mari, et j'ai eu trop de chagrin. Le bon Dieu a pitié de moi ; il me rappelle à lui, et je vais rejoindre mon pauvre Jacques. Tout ce qui m'afflige, c'est de laisser ma petite Jeanne seule au monde.

— Il ne faut pas perdre courage, Catherine ; vous êtes jeune, et à votre âge il y a toujours de la ressource.

— Non, madame, il n'y a plus de ressource, parce que le chagrin et la misère me minent depuis trop longtemps.

— Avez-vous vu M. le curé ?

— Oui, madame, il vient me voir tous les jours et a la bonté de m'envoyer un peu de bouillon. Il me console en me faisant voir la miséricorde de Dieu, qui a mis sur mon chemin une aussi digne femme que la mère Nannette, ainsi que vous, madame, qui avez tant de bontés pour ma fille. La mère Nannette promet de la garder quand je ne serai plus, et cela me tranquillise un peu.

— Catherine, je n'abandonnerai pas Jeanne non plus, vous pouvez être tranquille. Mais où est donc la mère Nannette ?

— Elle est allée mener son bétail à l'abreuvoir. La pauvre chère femme me quitte le moins qu'elle le peut ; elle me soigne comme si j'étais sa fille et ne me laisse manquer de rien.

— Adieu, Catherine, prenez courage; je reviendrai vous voir après-demain. »

En disant cela, Mme Dumont lui donna une
pièce de cinq francs.

Catherine meurt.

Le surlendemain, ces dames retournèrent voir
Catherine. En entrant, elles remarquèrent que les
rideaux de son lit étaient fermés; dans un coin
de la chambre, la mère Nannette tenait la petite Jeanne qui s'était endormie sur ses genoux.

Mme Dumont s'approcha.

« C'est fini, ma chère dame : la pauvre âme est
allée au bon Dieu; elle est morte comme une
sainte. M. le curé, qui ne l'a pas quittée, assure
qu'il y a bien longtemps qu'il n'a vu une mort
pareille.

— Et qu'allez-vous faire de cette enfant?

— Je vais la garder avec moi, madame; comme
je le disais hier à M. le curé, c'est le bon Dieu
qui me l'a envoyée; elle prendra soin de ma vieil-
lesse comme je vais prendre soin de son enfance.

— L'enverrez-vous encore mendier?

— Oh! non, madame. Je ne suis pas riche,
mais il y aura bien assez de pain ici pour nous
deux. D'ailleurs, la voilà en âge de me rendre des
services qui me payeront sa nourriture.

— Mère Nannette, il faut continuer d'envoyer
Jeanne à la maison; mes filles lui apprendront à
écrire et à faire toutes sortes d'ouvrages. Je me

charge de son entretien ; ainsi vous n'aurez rien à dépenser pour elle.

— Que le bon Dieu vous conserve, ma chère dame ! En apprenant à Jeanne à travailler, vous ferez plus que moi pour elle : vous lui mettrez le pain à la main pour toute sa vie.

— Mère Nannette, voici quinze francs pour faire enterrer cette pauvre femme ; il ne faut pas que ces frais-là retombent à votre charge. »

Docilité et intelligence de la petite Jeanne.

Quelques jours après la mort de sa mère, Jeanne alla chez Mme Dumont ; on lui mit des bas et un fichu noirs pour qu'elle portât le deuil. Le dimanche suivant, Sophie l'habilla tout en noir.

La pauvre enfant était bien triste ; elle pleurait toujours en pensant à sa mère ; ses yeux étaient rouges et gonflés ; elle ne disait rien et ne mangeait presque pas. On la trouvait souvent à genoux, priant Dieu. La mère Nannette craignait qu'elle ne tombât malade ; mais, comme elle n'avait que huit ans bien juste, elle finit par oublier un peu. Elle continua d'aller chez Mme Dumont, et elle apprenait très-vite tout ce qu'on lui montrait. Les deux jeunes demoiselles, en la trouvant si docile et si travailleuse, s'attachèrent à elle de plus en plus. M. le curé, qui la voyait toujours sage à l'église, lui donnait de temps en temps de belles images. Quand elle sut bien lire, il lui fit cadeau d'un petit livre d'heures, ce qui la rendit fort contente.

A l'âge de douze ans, elle lisait et écrivait bien ;
elle faisait toutes sortes d'ouvrages avec beaucoup
d'adresse. La mère Nannette lui avait appris à filer;
et déjà son fil était plus fin que celui des autres
fileuses du bourg, parce qu'elle était bien atten-
tive à ce qu'elle faisait.

La petite Jeanne fait sa première communion.

Il y avait déjà un an que Jeanne allait à l'instruction de la paroisse avec les autres enfants,
quand M. le curé lui donna un Catéchisme et une
Histoire sainte pour qu'elle les apprît par cœur.
Mme Dumont, qui lui en faisait réciter un chapitre
tous les jours, était charmée de son intelligence
et de sa mémoire. Jeanne écoutait très-attentive-
ment toutes les explications : aussi était-elle, avec
Isaure, celle qui répondait le mieux au catéchisme; et M. le curé les citait toutes les deux
comme un exemple à suivre, tant elles avaient
bonne tenue à l'église. On ne les voyait jamais ni
causer ni tourner la tête au moindre bruit, comme
plusieurs autres enfants : elles priaient Dieu de si
bon cœur, que ceux qui les voyaient en étaient
émerveillés.

Quand M. le curé admit les enfants à faire leur
première communion, il mit Jeanne et Isaure à la
tête des autres petites filles, parce qu'elles étaient
les plus instruites et les plus sages : elles n'en furent
pas pour cela moins modestes et moins humbles.

Enfin le grand jour arriva. Dès la veille, Mme
Dumont avait retenu Jeanne, et elle l'avait même

fait coucher au château, pour qu'elle eût moins de distractions que dans le bourg. Le matin, Sophie lui apporta une robe blanche et le reste de la toilette entièrement neuf, afin que, dans ce beau jour, elle n'eût rien de vieux sur elle; elle lui dit que sa mère voulait la récompenser ainsi de sa bonne conduite.

Pendant la cérémonie, qui fut très-longue, Jeanne et Isaure montrèrent tant de piété que tout le monde en était édifié.

Après la messe, M. le curé, qui avait invité toute la famille Dumont à déjeuner, voulut que Jeanne se mît aussi à table; il disait qu'il ne pouvait pas faire trop d'honneur à une petite fille aussi pieuse.

La mère Nannette était dans un coin de l'église, où elle pleurait de contentement; il l'envoya chercher pour dîner avec sa gouvernante.

La petite Jeanne va toujours chez Mme Dumont.

Jeanne, après sa première communion, ne cessa pas d'aller chez Mme Dumont. Le dimanche, on la faisait écrire, lire et compter, pour qu'elle n'oubliât pas ce qu'elle savait. Si l'on faisait la lessive, elle aidait à savonner le linge, à le mettre au bleu, à l'étendre et à le plier; elle repassait les draps et les serviettes, et raccommodait ce qui était déchiré : elle finit même par apprendre à repasser le linge fin. Quand il y avait quelqu'un à dîner, Jeanne aidait à la cuisinière et au domestique qui mettait le couvert, ce qui lui apprenait un peu le service; on lui payait toujours sa journée quand elle la passait au château. Comme elle cousait très-bien, la mère Nannette, qui connaissait assez de monde en ville, lui rapportait de temps en temps quelque ouvrage à faire, soit des chemises ou des draps, ce qui lui faisait un petit profit.

Les filles de Mme Dumont traitaient Jeanne en véritable amie, parce qu'elle était aussi réservée dans son langage que sage dans sa conduite. Elle les aimait tant, qu'elle se serait jetée au feu pour leur rendre service. Elle allait très-souvent chez M. le curé, qui lui donnait de bons conseils et lui faisait remarquer combien Dieu avait eu pitié d'elle, pauvre enfant sans famille.

Jeanne donnait à la mère Nannette tout ce qu'elle gagnait, car elle n'avait besoin de rien acheter pour elle-même; Mme Dumont fournissait tout ce qui était nécessaire pour l'habiller, comme elle l'avait promis à la mère Nannette, après la mort de Catherine; Jeanne usait si peu de chose que Mme Dumont lui disait quelquefois :

« Comment fais-tu, Jeanne, pour que tes robes durent aussi longtemps?

— Madame, je plie tous mes effets le soir et je les mets sur mon coffre. Quand il y a trop de boue à mes jupons, j'en lave le bas, ce qui l'use bien moins que de le décrotter, et puis je le repasse. Je visite mes habits tous les matins, et, aussitôt que j'y vois le moindre trou, je le raccommode.

— C'est très-bien, Jeanne; tu as pris là une bonne habitude.

— C'est bien le moins que je soigne mes habits, madame, puisque c'est vous qui me les donnez ! »

Jeanne a grand soin de la mère Nannette.

A seize ans, Jeanne était grande et forte : elle soignait toute seule le bétail de la mère Nannette, qui se faisait vieille; elle pétrissait le pain et chauffait le four; elle faisait le beurre et l'allait vendre à la ville, car elle ne voulait pas que la mère Nannette eût la moindre fatigue; et comme Jeanne savait bien prendre son temps, elle trouvait encore le moyen de faire quelque ouvrage pour gagner un peu d'argent.

« Ma chère mère, disait-elle quand la mère Nannette la grondait de ce qu'elle voulait tout faire, vous avez eu pitié de moi quand j'étais petite; vous m'avez soignée comme si j'eusse été votre propre enfant : il est bien juste que j'aie toute la peine, à présent que je suis plus forte que vous. »

Plusieurs des personnes à qui Jeanne vendait son beurre lui avaient offert de bons gages si elle voulait servir en ville; mais elle répondait toujours qu'elle ne se résoudrait jamais à quitter la mère Nannette. Quand elle lui racontait cela, cette excellente femme lui disait :

« Ma fille si tu es jamais obligée d'aller chez les autres, crois-moi, ne te place pas en ville ; on y gagne plus d'argent, c'est vrai; mais aussi on y dépense davantage, et les jeunes filles y ont bien du désagrément. »

La mère Nannette dépérissait peu à peu, et Jeanne en avait beaucoup de chagrin. Elle conta sa peine à M. le curé, en qui elle avait grande confiance.

« La croyez-vous en danger de mort ? lui dit-il ; en ce cas il faudrait voir le médecin.

— Oui, monsieur, elle est en grand danger, mais elle ne s'en doute pas. J'ai fait entrer l'autre jour, comme par hasard, le médecin qui était venu saigner le maréchal ; il a causé avec elle et l'a bien examinée ; quand il est sorti, je l'ai suivi sans rien dire ; il m'a assuré qu'il n'y avait rien à faire à la mère Nannette, parce que c'est un corps usé : il dit qu'elle pourra traîner encore longtemps, et qu'elle s'éteindra sans souffrir.

— J'irai la voir.

— Oh ! oui, monsieur le curé, il faut y venir bien souvent ; vos visites la soulageront plus que celles d'un médecin ; vous lui parlerez du bon Dieu, et elle sera toute prête quand il lui plaira de l'appeler à lui. »

La mère Nannette devient dangereusement malade.

Au bout de dix-huit mois, la mère Nannette était devenue si faible qu'elle ne sortait plus de la maison. Comme elle ne se plaignait de rien, Jeanne ne lui disait pas combien elle la trouvait malade, de peur de l'effrayer ; mais, quand elle allait voir Mme Dumont, elle pleurait à chaudes larmes, en disant qu'elle voyait bien que sa chère mère Nannette ne passerait pas l'hiver.

« Ne te désole pas trop, ma petite Jeanne ; nous ne t'abandonnerons pas, lui disait Isaure.

— Je le sais bien, mademoiselle, et je vous en remercie de tout mon cœur ; mais ce n'est pas parce que je vais me trouver toute seule que je pleure ; grâce à Dieu, je suis forte, et, grâce à vous aussi, je saurai bien gagner ma vie ; je me désole parce que j'aime la mère Nannette de toute mon âme ; et puis, qui donc m'aimera jamais comme elle, qui m'a prise toute petite et m'a accoutumée au travail, puis m'a appris à aimer Dieu, et de qui j'ai toujours reçu de si bons exemples ? »

Jeanne soignait sa malade avec une extrême tendresse ; elle trouvait le moyen de lui faire venir un petit pain blanc tous les deux jours ; quand elle allait à la ville vendre son beurre, elle en rapportait de la viande et quelque friandise. Quelquefois elle achetait un poulet ou bien un canard dans le bourg, et elle les accommodait comme elle avait vu faire à la cuisinière de Mme Dumont. Elle allait aussi au moulin chercher un peu de poisson ; d'autres fois, elle lui donnait une petite crème, et, quand elle chauffait le four, elle lui faisait toujours cuire quelque bonne pâtisserie ; enfin, elle ne lui laissait boire que du bon vin qu'elle sucrait un peu.

La mère Nannette trouve que Jeanne dépense trop.

La mère Nannette la laissait faire ; pourtant elle lui disait quelquefois :

« Tu me gâtes, petite Jeanne ; tu dépenses

trop d'argent, ma fille : cela n'est pas raisonnable.

— Hé bien donc, répondait Jeanne, n'avez-vous pas assez travaillé quand vous étiez jeune, et n'est-il pas juste que vous jouissiez à présent de quelques douceurs ?

— Mais écoute donc, petite, si tu dépenses tout, tu te feras tort; car c'est toi qui hériteras de ce que je laisserai, entends-tu !

—C'est bon, c'est bon, ma chère mère; ne vous inquiétez pas de cela ! laissez-moi faire; j'en aurai toujours bien assez. N'ai-je pas de bons bras pour travailler? Et d'ailleurs, ne faut-il pas que vous engraissiez un peu pour aller faire la veillée cet hiver avec les voisines?

— Eh bien, ma fille, j'entends que tu manges de toutes les bonnes fricassées que tu me fais.

— Merci, mère Nannette; ne serait-il pas honteux qu'il fallût des fricassées à une grande fille comme moi ! »

M. le curé vient voir tous les jours la mère Nannette.

M. le curé ne manquait pas de venir chaque jour voir la mère Nannette; comme c'était une femme de grand sens, il parlait avec elle de la bonté et de la miséricorde de Dieu, et la préparait à mourir sans qu'elle s'en doutât. Il la confessait souvent et lui apportait la sainte communion, afin qu'elle fût toujours en état de grâce; il lui faisait entendre aussi que l'église était trop froide pour

elle et qu'il ne voulait pas qu'elle y entrât avant
Pâques.

On était à la fin de l'automne : la mère Nannette baissait de plus en plus, et bientôt elle ne
quitta plus le lit. Jeanne la mettait chaque matin
dans le sien propre, afin de faire prendre l'air à
l'autre, qu'elle exposait dehors si le temps le permettait. Le lit de Jeanne était encore meilleur que
celui de la mère Nannette, qui, pendant huit ans,
n'avait pas vendu la plume de ses oies, pour amasser le lit complet de sa fille adoptive. La malade
retrouvait le soir son coucher tout frais, et elle
dormait mieux la nuit.

La mère Nannette s'éteint tout à fait.

Un jour du mois de décembre, le soleil ayant
percé les nuages, Jeanne mena le bétail à l'abreuvoir. En revenant, elle fit le grand tour par la
pelouse ; ses bêtes, qui ne sortaient pas depuis
longtemps, étaient bien contentes de se trouver dehors, et Jeanne se pressait d'autant moins de les
ramener à l'étable que la mère Nannette semblait
mieux ce jour-là. En rentrant, elle alla tout droit
au lit de la malade qu'elle trouva endormie et encore plus pâle que de coutume. Elle ralluma le
feu tout doucement pour lui faire chauffer un
bouillon. Quand il fut chaud, elle le mit dans un
gobelet et le porta à sa chère mère ; mais en lui
soulevant la tête pour la faire boire, elle la sentit
toute froide. Elle courut à la porte appeler du secours. Deux voisines entrèrent et virent bien que

tout était fini pour la mère Nannette. Elles voulurent emmener Jeanne, en disant qu'elles se char-
geraient de faire la veillée ; mais elle leur dit en
pleurant à chaudes larmes qu'elle ne voulait pas
quitter sa chère mère Nannette avant qu'on l'eût
portée en terre. L'une des voisines alla faire la dé-
claration, pendant que l'autre aidait Jeanne et lui
tenait compagnie auprès du lit de la morte.

Désintéressement de Jeanne.

Le maire entra et demanda à Jeanne si la défunte avait fait un testament pour lui donner son
bien ; car elle avait toujours dit que sa fille adoptive serait son héritière.

« Non, monsieur le maire, dit Jeanne ; si elle
avait fait quelque chose pour moi, elle me l'aurait
bien dit....

— Mais elle ne se croyait peut-être pas si près
de sa fin ; vous ne lui avez donc pas rappelé ce
qu'elle devait faire pour vous ?

— Non vraiment, monsieur le maire, j'en aurais été bien fâchée ! Si la pauvre femme s'était
crue en danger, cette idée l'aurait peut-être fait
mourir plus tôt. Elle n'a pas eu un seul instant la
pensée que tout serait bientôt fini pour elle, et
pour tout l'or du monde je ne le lui aurais pas dit.
D'ailleurs, je suis jeune et je peux travailler : il
est juste que son neveu hérite ; il faudra l'avertir.

— Je vais lui envoyer un exprès, » dit le maire.
Et il sortit.

Jeanne se mit à genoux au pied du lit et lut les prières des morts; de temps en temps elle se le-

Jeanne se mit à genoux

vait pour embrasser la défunte, puis elle continuait ses prières en pleurant. Elle fit la veillée du corps

en compagnie des deux bonnes voisines qui ne
voulurent pas la quitter.

On enterre la mère Nannette.

Comme la mère Nannette avait été une honnête
femme, bien obligeante, tout le monde du bourg,
jusqu'aux petits enfants, vint, le lendemain matin, la voir sur son lit de mort et lui apporter des
bouquets d'herbes fortes. Quoique Jeanne pleurât
toujours, elle présentait le buis à tous ceux qui
voulaient jeter de l'eau bénite sur le corps. Vers
midi, le charpentier apporta la bière, et Jeanne,
aidée de ses deux voisines, y plaça le corps après
l'avoir embrassé une dernière fois. Pendant qu'on
clouait le couvercle, la pauvre fille criait sans pouvoir se retenir. On mit la bière devant la porte;
alors le maire entra avec maître Gerbaud, neveu
et héritier de la défunte, et la maison s'emplit de
monde. Jeanne, la tête enfoncée dans sa capote,
pleurait dans un coin. M. le curé vint avec la
croix, et l'on partit pour l'église. La pauvre fille
n'aurait pas pu suivre l'enterrement si les voisines
ne l'eussent soutenue.

Après la cérémonie, on la ramena dans la maison, où le maire et Gerbaud étaient déjà rendus.
M. le curé ne tarda pas à les y rejoindre.

« Maître Gerbaud, dit-il, cette fille a son lit et
son coffre, tout le monde le sait; vous les lui laisserez bien emporter?

— Elle a aussi huit draps tout neufs dans l'armoire de la défunte, dit une des voisines; je les lui ai vu faire et marquer à son nom.

— La mère Nannette avait l'argent de Jeanne, ajouta M. le curé. La pauvre femme m'a souvent dit qu'elle la ferait son héritière; mais, comme elle n'a pas laissé de testament, vous usez de votre droit: c'est juste.

— Monsieur le curé, dit Gerbaud, je ne veux rien prendre à cette fille: qu'elle me dise combien d'argent elle a remis à ma tante, et je le lui rendrai tout de suite avec ses draps.

— Voyons, Jeanne, dit le maire, quelle somme avez-vous confiée à la mère Nannette?

— Monsieur, je serais bien en peine de le dire; à mesure que je gagnais quelque chose, je le donnais à ma chère mère, et je ne lui ai pas demandé de compte, bien sûrement. Maître Gerbaud, vous pouvez tout garder; la pauvre femme a bien assez fait pour moi sans que je réclame encore quelque chose; d'ailleurs, j'ai la force de travailler, et je ne crains pas l'ouvrage. »

Maître Gerbaud se pique de générosité.

M. le curé dit que Jeanne agissait et parlait en honnête fille, et que Gerbaud ne voudrait certainement pas qu'elle fût dupe de sa probité.

« Non, monsieur le curé, elle ne sera pas dupe avec moi: ils disent tous qu'elle a soigné ma pauvre tante aussi bien que si c'eût été sa propre fille; et, pour lui prouver que je lui en sais bon gré, nous partagerons par moitié l'argent qui se trouvera. Qu'en dites-vous? est-ce bien comme ça?

— Oui, Gerbaud, c'est bien. »

On ouvrit l'armoire, et l'on en tira d'abord les huit draps de Jeanne, qui étaient marqués à son nom. En bouleversant tout, on trouva, derrière un paquet de vieux linge, cent pièces de cinq francs, dans un bas bleu qui servait de bourse à la mère Nannette.

« Je crois, dit Gerbaud, qu'il y a longtemps que le premier écu a été mis au fond de cette bourse; car ma tante avait bien juste de quoi vivre.

— Mais elle était si ménagère, dit une voisine, et elle travaillait tant! »

Gerbaud prit deux cent cinquante francs, qu'il donna à Jeanne.

« Non, maître Gerbaud, pas tant que ça; je n'ai pas pu gagner une si grosse somme.

— Petite, j'ai dit que tu aurais la moitié de l'argent, et je n'ai qu'une parole : ainsi, tu vas prendre cette somme; et, comme c'est toi qui as filé cette pièce de toile qui n'est pas encore entamée, tu en auras aussi la moitié pour ta peine; tu t'en feras des chemises.

— Vous êtes trop bon, dit Jeanne, pour une pauvre fille que vous ne connaissez seulement pas.

— Je ne suis pas plus mauvais qu'un autre, quoique ma tante m'ait gardé rancune, parce qu'autrefois j'ai eu noise avec son mari

— Et où vas-tu donc mettre tout ça? dit une

voisine; ton coffre est trop petit; puis il est si vieux qu'il pourrait bien se défoncer.

— Allons! je vais aussi lui donner l'armoire, et je n'en serai pas plus pauvre.

— Au contraire, Gerbaud, dit M. le curé, vous faites là une bonne action qui vous donnera plus de contentement que vous n'en auriez eu en gardant tout ce que vous cédez si généreusement à Jeanne. »

Tout le monde dit que Gerbaud était un brave homme et qu'il se comportait bien.

« Écoute, Jeanne, dit-il avant de partir, je n'affermerai pas la maison avant Noël; tu peux y rester jusque-là si ça t'arrange. Je te laisse tout le ménage avec la chèvre et les oisons; je vais emmener la vache seulement. Je viendrai après-demain avec ma femme, qui choisira ce qu'elle veut garder, et nous vendrons le reste. »

Après avoir dit cela, il mit dans sa poche l'argent qui lui appartenait, et alla chercher la vache à l'étable. Tout le monde sortit en même temps que lui, à l'exception de M. le curé, qui resta avec Jeanne.

M. le curé trouve une place à Jeanne.

« Qu'allez-vous faire maintenant, Jeanne? dit M. le curé.

— Je vais tâcher de me placer au plus vite; car, si je restais longtemps seule dans cette maison, je sens bien que le chagrin me rendrait malade.

« — Voyons, Jeanne, il faut être raisonnable : la mère Nannette est plus heureuse que nous maintenant; elle veillera sur vous. Dieu ne veut pas qu'on s'abandonne ainsi à son chagrin. Si vous voulez vous placer en ville, Mmes Dumont vous trouveront une bonne maison où vous aurez de forts gages.

— Monsieur le curé, je ne me placerai pas en ville; ma chère défunte me l'a défendu, et, quoiqu'elle ne soit plus de ce monde, je veux toujours lui obéir.

— Puisque vous voulez rester à la campagne, j'irai voir la fermière du Grand-Bail; sa servante se marie dans trois semaines : si elle n'a personne encore, je vous y mènerai demain.

— Grand merci, monsieur le curé; ce sont de braves gens, et je serai bien contente d'être chez eux. »

Quand Jeanne fut toute seule, elle soigna la chèvre et les oies comme à l'ordinaire; elle remit dans l'armoire tout ce qu'on en avait tiré, puis elle courut chez Mmes Dumont : elle leur dit tout en pleurant qu'on devait parler pour elle à la mère Tixier, fermière du Grand-Bail.

« Elle te prendra bien, ma bonne Jeanne, dit Sophie, qui était mariée depuis deux ans : elle nous a souvent entendues parler de toi, et elle sera bien heureuse de t'avoir dans sa maison, où tu seras comme de la famille. Console-toi donc un peu ! est-ce que nous ne te restons pas?

— Sans vous, qu'est-ce que je deviendrais donc? aussi je vous serai reconnaissante toute ma vie. »

Le lendemain, M. le curé mena Jeanne au Grand-Bail, comme il l'avait promis. La maîtresse l'accepta tout de suite à cause de sa bonne renommée : elle lui offrit dix écus jusqu'à la Saint-Jean.

« Mère Tixier, vous ne pouvez pas donner moins de douze écus à cette fille; elle les gagnera bien, je vous le promets.

— Je ne vous contredirai pas, monsieur le curé, elle aura douze écus. Quand viendras-tu, petite Jeanne ?

— Maître Gerbaud arrive demain matin pour vendre les effets de sa tante; je voudrais bien ne pas me trouver là, j'en aurais trop de chagrin. Si vous pouvez m'envoyer chercher avant midi, je serai bien contente. J'ai mon lit, mon coffre et l'armoire de la mère Nannette; pourrez-vous me les loger ?

— Oui; il n'y a pas de lit dans la boulangerie; on y mettra le tien, et tu y seras toute seule, à moins pourtant que tu ne prennes avec toi l'une de mes trois filles, qui couchent dans un même lit et se disputent souvent.

— Je le veux bien, maîtresse; vous donnerez avec moi celle que vous voudrez. »

Jeanne quitte la maison de la mère Nannette.

Dès le matin du jour suivant, Gerbaud amena sa femme dans une carriole d'osier; le meunier le suivait avec une grande voiture pour emporter le blé, le vin et tout le reste. Alors on vida l'armoire, et la femme de Gerbaud mit de côté ce qu'elle voulait garder. On s'occupa de charger la grande voiture. Jeanne était sortie pendant qu'on déménageait, pour ne pas montrer son chagrin à des étrangers, ne pouvant supporter le séjour de cette maison depuis qu'elle n'y voyait plus la mère Nannette. Elle aperçut de loin venir la charrette du Grand-Bail, et, comme ses paquets étaient faits d'avance, elle les apporta devant la porte : ses rideaux étaient démontés et pliés bien proprement. Le charretier, qui était grand et fort, chargea tout seul les meubles de Jeanne. Elle dit adieu à maître Gerbaud et à sa femme, après les avoir bien remerciés ; embrassa aussi ses voisines, qui s'étaient rassemblées devant la porte pour la voir partir, et enfin monta dans la charrette. Quand elle quitta le bourg et qu'elle vit disparaître au détour du chemin la maison de la mère Nannette, elle ne put s'empêcher de pleurer bien fort.

« Est-ce que tu es fâchée de venir chez nous, petite? dit le charretier.

— Mon Dieu non! ce n'est pas là ce qui me fait pleurer ; c'est que je pense à la mère Nannette, qui m'aimait tant.

— Apaise-toi donc, va! la maîtresse est une bonne femme qui t'aimera bien aussi. »

Quand la charrette arriva au Grand-Bail, les pâtres et les bergères étaient rangés devant la maison pour voir descendre Jeanne. Le charretier, qu'on appelait grand Louis, déchargea les meubles à la porte de la boulangerie : on l'aida à monter le ciel du lit; puis, quand tout fut rangé, chacun s'en alla à son ouvrage, et Jeanne entra dans la maison, où elle trouva maître Tixier tout seul avec sa femme.

SECONDE PARTIE.

JEANNE EN SERVICE.

Jeanne donne son argent à garder à son maître.

« Notre maître, dit Jeanne en entrant, j'ai deux cent cinquante francs, que je ne voudrais pas garder dans mon coffre ; si vous vouliez me les serrer avec votre argent, je vous serais bien obligée. »

Et elle tira de sa poche le vieux bas de laine bleue qui avait servi de bourse à la mère Nannette, et le posa sur la table. Maître Tixier le vida et compta l'argent

« Il y a bien cinquante bons écus de cinq francs, ma foi ! dit-il ; je vais te les garder, ma fille ; mais d'où te vient donc tout cet argent-là ? »

Jeanne raconta comment maître Gerbaud avait partagé avec elle l'argent de sa tante et la pièce de toile qu'on avait trouvée dans l'armoire, et comment il lui avait donné cette armoire pour mettre son linge

« Je connais un peu ce Gerbaud pour m'être trouvé quelquefois en foire avec lui ; je ne l'aurais pas cru si généreux ; quand je le rencontrerai, je lui donnerai une poignée de main. »

Jeanne se mit promptement au fait de son ouvrage ; et, comme elle était habile et courageuse, elle avait toujours le temps de coudre après avoir fait le ménage. La maîtresse lui disait quelquefois :

« Jeanne, tu ne me laisses rien à faire. Je vais devenir fainéante. Je ne sais pas vraiment comment tu t'arranges ; mais tu as du temps pour tout, et il t'en reste encore pour faire l'ouvrage des autres. Est-ce que tu crois que je ne te vois pas tous les soirs aider à cette grande sotte de bergère, qui n'en a jamais fini ? J'entends que tu profites de ton temps pour toi, et que tu fasses tes chemises de la toile que Gerbaud t'a donnée ; tu te charges toujours de l'ouvrage de mes filles, et ce n'est pas juste. J'ai mis avec toi Solange, parce que c'est la moins raisonnable, quoique l'aînée ; tâche donc de me la rendre bonne et laborieuse comme toi. »

Grand Louis se met en colère.

Grand Louis le laboureur, qui n'était pas mauvais au fond, avait l'humeur difficile ; rien ne le contentait ; on avait beau faire, il ne trouvait jamais rien de bon. Les filles et les servantes de la maison ne pouvaient pas le souffrir ; il avait toujours de mauvaises paroles à leur dire, et elles les lui rendaient bien. Il brusquait aussi la petite Jeanne ; mais elle ne lui répondait jamais.

Un jour qu'il faisait beau soleil, grand Louis

s'habilla pour aller à l'assemblée[1] de Meunet-sur-
Vatan[2]; il venait de mettre un pantalon neuf et
une blouse qui n'avait pas encore servi. Quand il
voulut prendre son carton à chapeau, qui était sur
une planche de l'écurie à côté de son lit, il monta
sur la traverse d'une herse en fer dressée le long
du mur; mais le pied lui manqua à l'instant
même où il venait d'atteindre le carton, qui lui
échappa; en voulant le rattraper, il s'accrocha
aux dents de la herse, qui déchirèrent son pantalon et sa blouse du haut jusqu'en bas. Il se mit
dans une si grande colère, qu'on l'entendait jurer
de la maison. Le bouvier alla voir ce qu'il avait,
et revint le raconter aux filles qui étaient devant
la porte.

« C'est bien fait pour lui, dit Solange; il est si
butor, que ce n'est pas dommage qu'il lui arrive
quelque chose.

— Sais-tu que c'est bien vilain ce que tu dis là,
Solange! dit Jeanne; grand Louis est le meilleur
laboureur du pays, et il rend de grands services à
ton père. Ses habillements lui ont coûté de l'argent, et c'est malheureux pour lui s'il ne peut
plus s'en servir. »

Les garçons du bourg, qui étaient venus chercher grand Louis, se moquaient de lui; ils le
pressaient d'en finir pour venir avec eux, car on

1. Une assemblée est plus qu'une simple fête. On y vient de
loin. En Bretagne, cette fête s'appelle *pardon*, *kermesse* en
Flandre, *ducasse* ailleurs, etc.
2. Célèbre par le pèlerinage que les enfants y font pour invo-
quer saint Loup.

le regardait comme le chef de la jeunesse du pays, tant il était grand et fort ; et puis il avait plus d'esprit qu'eux tous.

« Allons, allons, j'y vas ! » dit-il en se dépêchant de se rhabiller ; et il jeta ses habits déchirés sur son lit, sans les ranger dans son coffre comme à l'ordinaire.

Quand ils furent tous partis, garçons et filles, Jeanne, qui n'allait pas à cette fête, parce qu'elle était en deuil de la mère Nannette, fut chercher à l'écurie la blouse et le pantalon déchirés. Comme ce n'était pas un dimanche, elle demanda à la maîtresse si elle voulait lui permettre de les raccommoder ; et, comme Jeanne était habile à tout faire, elle les arrangea si bien qu'on n'y reconnaissait aucune trace de l'accident. Elle les plia et les reporta sur le lit de grand Louis.

« En vérité, dit la maîtresse, tu es bien bonne fille de raccommoder les effets de ce grand bourru qui ne t'épargne pas plus que les autres !

— Que voulez-vous donc, maîtresse ! c'est son naturel qui est comme ça ; mais il n'est pas plus méchant qu'un autre. Il jure bien quelquefois après ses juments : c'est mal ; mais voyez s'il les bat jamais ! Y a-t-il des bêtes plus belles et mieux soignées que les siennes ? Et puis il n'a pas son pareil à l'ouvrage. Le maître sait bien ce qu'il vaut, lui ! aussi il ne s'en fie pas à un autre pour les semailles et pour tout. Si grand Louis était heureux, il ne nous tourmenterait pas autant ; mais il est comme moi : il a perdu ses parents, et c'est un grand malheur. »

La maîtresse fait honte à grand Louis de sa mauvaise humeur.

Un jour que grand Louis avait dételé plus tôt qu'à l'ordinaire, la soupe n'était pas encore trempée quand il rentra.

« Il n'y a jamais rien de prêt ici, dit-il pendant que Jeanne se dépêchait de mettre le couvert ; demandez-moi ce qu'elles ont fait depuis le matin ! »

Solange murmura, mais Jeanne ne répondit pas, et prit le broc pour aller tirer à boire. Quand elle fut partie, la maîtresse dit :

« Tu seras donc toujours bourru, grand Louis ! tu ne changeras donc pas ! Regarde un peu : y a-t-il une maison où les cuillers et les fourchettes soient plus claires qu'ici ? on dirait que c'est de l'argent. As-tu vu quelque part des verres plus nets, du linge plus blanc, une maison plus propre ? Vois s'il y a un seul grain de poussière sur les meubles, une seule toile d'araignée aux soliveaux ! Tout n'est-il pas clair à se mirer dedans ? Qui est-ce qui tient tout en état, si ce n'est la petite Jeanne ? L'as-tu vue quelquefois perdre son temps ? Avant qu'elle vînt remplacer Marie, je me tuais, et jamais rien n'était fini ; à présent je ne prends plus grand'peine, et tout va bien. Il n'y a que toi au monde pour te plaindre d'une fille pareille ! Qui donc t'a raccommodé ta blouse et ton pantalon pendant que tu faisais le beau à Meunet, l'autre jour, hein ? ce n'est pas moi, bien sûrement. »

Jeanne rentra ; les laboureurs se mirent à table ;

grand Louis dîna sans mot dire, lui qui d'ordinaire parlait tant. Après les laboureurs, ce fut le tour des petits pâtres. Jeanne secoua la nappe, rinça les verres et leur coupa du pain.

Maître Tixier veut que Jeanne achète un morceau de vigne

Un dimanche que Jeanne servait son maître qui soupait seul à sa petite table, pendant que les autres hommes, grands et petits, mangeaient ensemble, il lui dit :

« Petite Jeanne, l'argent ne vaut rien à garder. Voilà Gerbaud qui vend le bien de sa défunte tante la mère Nannette ; tu sais qu'elle avait un joli quartier de vigne dans les *Hautes-Roches*, tout contre la mienne ; si tu veux m'en croire, je te l'achèterai.

— Comme vous voudrez, notre maître, répondit Jeanne, qui pleurait toutes les fois qu'elle entendait prononcer le nom de sa chère mère Nannette; mais il faut pourtant de l'argent tous les ans pour les façons et du fumier pour les provins.

— Qu'est-ce que tu dis donc là, petite Jeanne ? Est-ce qu'en bêchant mon arpent on ne donnera pas un coup de pioche à ton quartier ? est-ce qu'en menant du fumier à ma vigne on n'en pourra pas laisser un brin devant la tienne ? Nous les vendangerons toutes les deux ensemble; notre cuve est bien assez grande pour tenir le tout, et tu auras le profit de la vigne tout net : ça ne fait pas de mal à une jeunesse, pour se marier, que d'avoir un bout de bien au soleil !

— Notre maître, vous êtes trop bon pour moi : je ne suis pas pressée de me marier ; si vous ne me renvoyez pas, je ne vous quitterai jamais.

— Te renvoyer, ma Jeanne ! dit la maîtresse ; ah ! si tu ne quittes la maison que quand je t'en mettrai dehors, tu es bien sûre d'y mourir.

— Eh bien, c'est entendu, dit maître Tixier. On fait la criée d'aujourd'hui en huit ; j'irai, et je t'achèterai le quartier des Hautes-Roches. »

Le dimanche suivant, il dit à Jeanne : « Ma fille, c'est fini ; jeudi, en allant au marché, je te conduirai chez le notaire pour signer l'acte, puisque tu sais écrire ; j'ai eu bien de la peine à l'avoir, ce quartier-là ; il faisait envie à beaucoup de monde. Je l'ai emporté ; mais aussi il te coûte deux cent dix bons francs, le contrat à la main. Es-tu contente ?

— Notre maître, ce que vous faites est bien fait, » répondit Jeanne.

Jeanne reproche à Solange sa négligence.

Un matin, en se levant, Jeanne dit à Solange, qui couchait avec elle :

« Tes cheveux sont bien mêlés : tu ne les peignes donc jamais ? je ne te vois pas non plus laver ni tes bras ni ton cou.

— A quoi ça sert-il, puisqu'on ne les voit pas ?

— D'abord, ça sert à être propre, ce qui est déjà un grand avantage. Tu te tourmentes au lit, tu dors mal, parce que la tête te démange ; tu n'es, ma foi, pas aussi raisonnable que les oisons que tu mènes tous les matins à l'abreuvoir. Tu n'as donc pas vu comme ils se baignent, comme ils relèvent leurs plumes pour que l'eau touche à leur peau; ils plongent leur tête et s'en servent après comme d'une vergette pour se nettoyer et se lisser. Il n'y a pas jusqu'à la chatte, que tu aimes tant, qui ne fasse sa toilette. Et tes mains! tu t'imagines qu'elles sont propres parce que tu les a trempées dans l'eau; mais des filles comme nous, qui touchent à tout, ont besoin de frotter ferme pour nettoyer leurs mains; l'eau toute seule n'y fait rien; il faut les dégraisser dans le son que l'on fait bouillir pour la volaille; ou bien, si tu écrasse une des pommes de terre que l'on met cuire pour les porcs et que tu t'en frottes bien les mains, tu verras comme elles deviendront nettes et douces.

— Est-ce que je songe à tout cela, moi!

— Je t'y ferai songer, sois tranquille, ainsi qu'à changer de chemise tous les soirs. Crois-tu qu'il soit bien sain de garder sa chemise pour coucher, quand on a eu bien chaud toute la journée? Et le matin, si tu te lèves toute en moiteur, es-tu bien à ton aise quand ta chemise sèche sur ton corps! Et la prière du matin, tu ne la fais pas souvent! Pourquoi ne vas-tu jamais voir M. le curé?

— Je n'oserais jamais y aller toute seule.

— Viens-y avec moi; j'y vais toujours en sortant de vêpres ou de la messe; tu verras comme on a le cœur content et l'esprit tranquille en sortant de chez lui! »

Depuis ce temps-là, Jeanne ne manquait pas de

faire rester Solange pour la prière du matin; elle parvint enfin à la rendre propre à force de lui répéter ses bons conseils.

Solange devint plus endurante à mesure qu'elle était plus contente d'elle-même : elle profitait des avis de Jeanne, et elle commença à se montrer bienveillante, à aimer tout le monde de la maison.

La maîtresse s'aperçoit du changement de Solange.

Les premiers jours de mars, la maîtresse dit à Jeanne :

« Voilà le temps au beau, j'ai envie de faire la lessive.

— Vous ferez bien, maîtresse; il faut dire à Solange de donner ses agneaux à la bergère pour les mener aux champs avec les moutons; elle viendra nous aider.

— Ah bien oui! Solange va grogner comme à l'ordinaire.

— Peut-être que non, maîtresse; appelez-la donc, et vous verrez! »

La mère Tixier appela sa fille, et lui dit de donner ses agneaux à la bergère pour venir aider à la lessive. Solange fit sans répliquer ce que sa mère lui commandait.

« Comment donc as-tu fait pour changer ainsi le caractère de Solange? elle est toujours de bonne humeur à présent. En vérité, la bénédiction du bon Dieu est entrée chez nous avec toi; il n'y a pas jusqu'à ce bourru de grand Louis qui ne soit devenu doux comme un mouton. »

Le jour où on lavait la lessive, Solange et Joséphine, les deux plus grandes filles de maître Tixier, lavaient avec la bergère, pendant que Jeanne savonnait les coiffes et les mettait au bleu, ainsi que le col des chemises d'homme; puis elle étendait le linge à mesure qu'il était lavé. La maîtresse, suivie de sa petite Louise, qui n'avait guère que huit ans, allait et venait, et elle écoutait ce que disaient les jeunes filles en travaillant.

« Mon Dieu, que les riches sont heureux! disait la bergère. Que je voudrais donc être comme la maîtresse, qui se promène là-bas sans rien faire, pendant que nous nous fatiguons à taper ce linge!

— Tu crois donc qu'elle n'a rien fait dans sa jeunesse, répondit Solange, et que ce qu'elle a amassé est venu tout seul?

— Moi, continua Marguerite (c'était le nom de la bergère), je voudrais avoir des maisons, des vignes, des terres et ne rien faire du tout.

— Tu n'en aurais pas pour longtemps, dit Jeanne, car ce n'est pas tout que d'avoir du bien; il s'en va vite, si on ne le soigne pas; et tu ne t'en occuperais guère, toi qui ne soignes seulement pas tes habits.

— C'est bien vrai, dit Solange, tu es toujours sale et déchirée, et pourtant tout ton gage passe sur ton corps; regarde donc la petite Jeanne, qui n'achète jamais rien, comme elle est bien ajustée! On dirait qu'elle a toujours ses habits des dimanches.

— Peut-être bien; mais je n'ai pas été élevée *par charité*, moi. »

Jeanne essuya une larme.

« Voilà une méchanceté que je n'oublierai pas, dit la maîtresse qui s'était approchée; Marguerite, tu auras affaire à moi. N'aie pas de chagrin, ma Jeanne; quoique tu aies été demander ton pain, on ne t'en estime pas moins.

— Ça ne nous empêche pas de t'aimer comme notre sœur, ajouta la petite Louise en l'embrassant.

— Il est pourtant bien dur de s'entendre reprocher sa misère, dit tristement Jeanne.

— Ne dis rien, ma Jeanne, reprit la maîtresse; tu la verras un jour! la paresse la mènera aux portes, comme ton malheur t'y avait conduite. D'ailleurs, est-ce que le contentement se mesure à la richesse? Elle aurait bien toutes les terres du monde qu'elle ne serait pas heureuse, parce qu'elle n'a pas le cœur sain. »

Jeanne raccommode le linge de grand Louis.

Quand la lessive fut sèche, Jeanne apprit à Solange à bien étirer le linge et à le plier de façon qu'il eût l'air d'avoir été repassé; elle s'était aperçue que la maîtresse marchait difficilement depuis quelque temps, et qu'elle avait de la peine à se servir de son bras gauche; elle ne voulut donc pas que la mère Tixier prît la moindre fatigue à ranger le linge; elle veilla un peu plus tard chaque jour pour finir de le raccommoder. Comme elle savait bien se servir de son aiguille, elle apprêtait toujours l'ouvrage des autres filles et leur apprenait à le faire.

En pliant les chemises de grand Louis, elle les trouva en bien mauvais état.

« Voyez donc, maîtresse, comme les chemises de grand Louis sont déchirées ! Si vous le vouliez, je veillerais pour les raccommoder, et je couperais les plus mauvaises pour avoir des pièces.

— Fais, petite Jeanne, fais comme tu l'entendras, quoique pourtant grand Louis ne le mérite guère.

— Ne dites donc pas ça, maîtresse ; grand Louis prend mieux vos intérêts que vos propres enfants ; je le vois bien, moi, et c'est pour ça que je veux soigner son linge. »

Grand Louis veut payer Jeanne.

Quand Jeanne eut fini de raccommoder les chemises de grand Louis, elle choisit l'heure où elle ne le croyait pas à l'écurie pour les porter sur son lit ; mais grand Louis était un *finaud*, et, se doutant bien que c'était Jeanne qui avait soin de ses effets, il la guettait depuis plusieurs jours. Il se tapit derrière la porte quand il la vit venir les bras chargés de linge, et, pendant qu'elle le posait sur le lit, il sauta tout à coup auprès d'elle.

« Mon Dieu ! que vous m'avez donc fait peur ! dit-elle toute honteuse.

— Ha ! ha ! c'est donc toi, petite Jeanne, qui soignes mes effets ? Je t'en remercie ; mais, comme il n'est pas juste que tu travailles pour rien, je veux te payer.

— Non, grand Louis, vous ne me devez rien ;

mon temps est à la maîtresse, et c'est elle qui m'a laissé travailler à vos chemises.

— Te l'a-t-elle commandé?

— Je ne dis pas ça, grand Louis; mais, si elle me l'avait défendu, je ne l'aurais pas fait.

— Et ma blouse, et mon pantalon! Je te dis, moi, petite Jeanne, qu'il ne faut pas tant faire la fière, et que je veux te donner quelque chose.

— Non, grand Louis, vous ne me donnerez rien. Je ne toucherai plus à vos effets si vous me payez, parce que vous croiriez que c'est par intérêt; mais, pour vous prouver que ce n'est pas la fierté qui m'empêche d'accepter votre argent, écoutez : Je suis une pauvre fille qui n'ai de support de personne sur la terre; si je me trouve jamais dans la peine, je n'irai pas à un autre qu'à vous.

— C'est dit; tape là, petite Jeanne! »

Et il lui tendit une main large comme un battoir. Jeanne frappa dedans, et grand Louis, retenant un instant sa main dans la sienne, ajouta : « Je suis bien sûr que tu me tiendras parole! »

Jeanne retira sa main et s'en retourna à la maison.

Grand Louis travaille à la vigne de Jeanne.

Après les semailles de mars, maître Tixier dit un soir :

« Mes enfants, il faut conduire du fumier aux vignes demain matin, et puis nous irons les piocher. »

Le lendemain, quand ils furent dans les Hautes-

Roches, grand Louis se mit tout de suite à la vigne
de Jeanne, pendant que les autres travaillaient à
celle du maître, et il n'y épargna pas le fumier. Vers
midi, Jeanne apporta le goûter, et maître Tixier,
qui était avec elle, dit en voyant l'ouvrage de grand
Louis ·

« Ho! ho! comme tu y vas! c'est travaillé comme
dans un jardin, et la terre est si bien égrenée qu'on
dirait qu'elle a été passée au crible; mais n'aie pas
peur, ce n'est pas un blâme que je te donne : la
petite Jeanne mérite bien ça. »

Jeanne remercia grand Louis par un regard si
doux, qu'il se sentit le cœur tout joyeux.

Il arrive un colporteur au Grand-Bail.

Un dimanche, pendant les vêpres, Jeanne était
seule auprès de la mère Tixier, qui ne bougeait
plus guère de son fauteuil; elle vit entrer un jeune
colporteur qui lui offrit des images et des livres :

« Achetez-moi donc quelque chose, s'il vous
plaît, dit-il; voilà le grand saint Martin, le grand
Napoléon! voyons, ma jolie brune, voulez-vous des
almanachs de l'année?

— J'en prendrai peut-être un s'ils ne sont pas
trop barbouillés; car ordinairement ils sont si mal
imprimés qu'il est impossible de les lire. »

Le marchand en présenta un à Jeanne; il lui
convint, et elle l'acheta. Pendant qu'elle le feuille-
tait, il ouvrit sa boîte, et en tira de vilaines images
qu'il se disposait à lui faire voir, quand on entendit tout le monde revenir.

« Ah! dit Jeanne, voilà le garde champêtre qui vient avec maître Tixier. »

En entendant cela, le petit colporteur referma bien vite sa boîte, après y avoir remis les images.

« Pourquoi donc tant vous presser? lui dit Jeanne; les autres vous achèteront peut-être quelque chose. »

Il ne l'entendit pas, et sortit en courant; mais il s'embarrassa le pied dans un morceau de bois qui était auprès de la porte, et il tomba de toute sa hauteur. Sa tête porta sur une grosse pierre carrée qui servait de banc, et il se la fendit si dangereusement qu'on le crut mort sur le coup. Grand Louis l'enleva dans ses bras et le porta sur un lit dans la maison; toutes les filles se mirent à pleurer, pendant que Jeanne lavait la plaie et faisait respirer du vinaigre au blessé.

Jeanne envoie chercher M. le curé.

« Grand Louis, dit Jeanne, courez vite chez M. le curé; il s'entend à toutes sortes de maux, et soulagera ce pauvre garçon, s'il est possible.

— Il faut appliquer une compresse de persil trempé dans du vin vieux, dit le garde, ça empêchera le sang de couler.

— Non, du tout, répondit Jeanne; il faut toujours laisser saigner une plaie avant de la panser. Tenez, voilà qu'il n'est déjà plus si pâle; il faut lui faire un peu d'eau sucrée avec de la fleur d'oranger. »

Joséphine prit la clef dans la poche de sa mère, et donna ce que Jeanne demandait.

M. le curé arriva au moment où le petit marchand ouvrait les yeux : il trempa une compresse dans de l'eau fraîche, où il mit trois ou quatre gouttes de teinture d'arnica, et il banda le front du blessé, qui se l'était fendu depuis le sourcil gauche jusque dans les cheveux du côté droit. On lui fit boire de l'eau sucrée, et on lui demanda comment il se trouvait.

« Il me semble que tout tourne devant moi, dit-il ; et il retomba dans sa faiblesse.

— Maître Tixier, dit M. le curé, il faut garder ce pauvre garçon chez vous jusqu'à ce qu'il puisse continuer sa route ; je crains bien qu'il n'ait de la fièvre demain ; je viendrai le voir dès le matin. »

Le lendemain, trouvant un peu de fièvre au colporteur, M. le curé ne lui permit pas de se lever de toute la journée. Il lui demanda son âge et de quel pays il était.

« J'ai seize ans et je suis de Paris, monsieur.

— Dites-moi donc comment vous avez fait pour tomber ; car rien n'embarrassait la porte, et vous pouviez bien passer au milieu sans heurter ce morceau de bois.

— Monsieur, c'est que je me pressais trop de sortir.

— Et pourquoi donc tant vous presser, quand, au contraire, vous eussiez mieux fait d'attendre, puisque vous aviez l'occasion de vendre votre marchandise ? »

Le jeune homme ne répondit pas et rougit beaucoup, ce que le curé vit bien ; mais il ne lui adressa aucune observation à ce sujet.

Le colporteur ne sait plus sa prière.

Au bout de deux jours, M. le curé permit au colporteur de se lever, et lui dit de remercier Dieu, qui l'avait sauvé d'une mort presque certaine.

« Vous savez bien votre prière, n'est-ce pas, mon enfant? »

Le pauvre garçon baissa la tête sans mot dire.

« Monsieur, quand j'étais tout petit, ma mère ne manquait jamais de me faire prier matin et soir; mais je l'ai perdue à huit ans, et depuis ce temps-là personne ne s'est occupé de moi.

— Alors, vous n'avez pas fait votre première communion?

— Si, monsieur; je l'ai faite à onze ans avec les autres enfants de ma paroisse; mais depuis je n'ai plus pensé à tout cela

— Mon petit ami, je vais prier tout haut pour vous. »

Et le saint homme pria Dieu de toute son âme; sa voix était si douce que le malade en fut tout remué. Quand la prière fut finie, M. le curé lui dit:

« Vous savez sans doute lire, puisque vous vendez des livres?

— Oui, monsieur, j'ai été aux écoles de charité.

— Eh bien, pourquoi ne lisiez-vous pas vos prières dans les livres que vous vendez? »

Le colporteur rougit encore sans répondre.

« Voyons-les donc, ces livres! Si j'en trouve quelques-uns qui me conviennent, je vous les achèterai. »

Il prit la boîte et l'apporta au jeune homme.

« Ah! monsieur le curé, s'écria-t-il, ne l'ouvrez pas, je vous en prie.

— Pourquoi donc, mon garçon?

— C'est que.... c'est que.... »

Il n'en put pas dire davantage.

« Allons, donnez-moi votre clef. »

M. le curé découvre ce qu'il y a dans la boîte du colporteur.

Le colporteur n'osa pas refuser sa clef à M. le curé; mais en la lui donnant il se mit à ses genoux.

« Ah! monsieur, dit le pauvre garçon, ne me perdez pas; ayez pitié de moi, ne me faites pas mettre en prison.

— Et pourquoi vous ferais-je mettre en prison, mon ami?

— C'est que ma boîte est pleine de vilaines images et de livres mauvais, et que l'on met en prison ceux qui en vendent. »

En disant cela il fut encore pris d'une faiblesse. Quand on l'eut fait revenir, M. le curé lui dit :

« Comment, mon enfant, avez-vous pu, à votre âge, vous décider à faire un tel commerce?

— C'est qu'on m'avait dit qu'on y gagnait beaucoup d'argent, et je voulais acheter un petit fonds d'étoffes aussitôt que j'aurais seulement une centaine de francs.

— Eh bien, vous a-t-on dit la vérité? Avez-vous gagné plus qu'en vendant de bons livres?

— Mon Dieu non : je ne suis pas assez hardi pour faire ce métier-là; j'ai toujours peur d'être pris, et je ne vends presque rien.

Mais.... il se mit à ses genoux.

— Je suis sûr que c'est précisément pour cela que vous êtes sorti si vite dimanche, quand tous les gens de la maison revenaient des vêpres.

— Oui, monsieur, parce que j'avais vu le garde champêtre avec eux.

— Voyez un peu ! votre détestable commerce a failli vous coûter la vie. Mon garçon, il n'y a jamais d'avantage à faire le mal ; et vous en faisiez plus aux gens de la campagne en leur vendant de mauvais livres, que si vous leur eussiez volé leur argent : car leur argent était perdu comme si vous l'aviez pris, et vous leur laissiez des livres qui leur apprenaient à se mal conduire. »

Le colporteur envie le sort des gens du Grand-Bail.

Le jeune colporteur resta levé une bonne partie de la journée ; il voyait tout le monde si heureux dans la maison, qu'il enviait leur sort, quoiqu'ils travaillassent beaucoup : car, si maître Tixier traitait bien ses domestiques, il exigeait qu'ils fussent laborieux. Tous les soirs, on faisait la prière tout haut, en commun ; puis chacun allait se coucher et dormait tranquillement jusqu'au lendemain matin. Le petit marchand les trouvait bien heureux de n'être pas poursuivis par la peur des gendarmes, car lui ne dormait jamais que d'un œil, tant il craignait que l'on ne devinât son genre de commerce : le pain qu'il mangeait ne lui profitait point. Tout cela lui donnait à réfléchir. M. le curé, étant venu le voir, le trouva tout triste.

« Est-ce que vous souffrez davantage aujourd'hui ? lui demanda-t-il.

— Non, monsieur ; mais j'ai bien pensé à tout ce que vous m'avez dit, et, en voyant ces braves gens si heureux, j'ai encore plus de honte du métier que je fais. Que je voudrais donc pouvoir gagner ma vie honnêtement comme eux !

— Et qui vous en empêche, mon garçon ?

— C'est que je n'ai rien au monde que ce qui est dans ma boîte, et il faut bien que je le vende pour avoir de quoi acheter autre chose.

— Pour combien y a-t-il de marchandises ?

— Pour cinquante francs, prix d'achat.

— Eh bien, mon ami, je vous trouverai cinquante francs ; je ne suis pas assez riche pour les prendre dans ma bourse, mais j'irai quêter dans le village, et je vous réponds de les trouver. Je commencerai par vous donner dix francs ; mais il faut auparavant que vous brûliez toute votre marchandise.

— Comme vous le voudrez, monsieur le curé ; d'ailleurs, vous m'ôterez un grand poids de dessus le cœur : je ne rêve que prison toutes les nuits. Quand j'ai quitté mon père, il m'a bien recommandé de ne pas m'y faire mettre, parce qu'on en sort toujours plus mauvais sujet qu'on n'y est entré : aussi j'en ai une peur terrible. »

M. le curé brûle les livres du colporteur.

L'après-midi, M. le curé tira tous les livres et les images de la boîte du marchand ; grand Louis en fit un tas au milieu de la route ; les petits pâtres le couvrirent de chaume et de menu bois, et l'on y mit le feu, qui flamba pendant près de quatre heures. Le jeune garçon était tout triste en voyant brûler ses livres ; M. le curé lui dit :

« Est-ce que vous vous repentez de votre bonne résolution ?

— Non, monsieur, je ne m'en repens pas ; mais c'était là tout mon bien !

— Je vous ai promis que vous auriez vos cinquante francs.

— Et si vous ne les trouvez pas, monsieur le curé?

— Soyez tranquille, mon enfant; si je ne les trouve pas, je vendrai mon grand gobelet et mon couvert d'argent pour compléter la somme. »

Le colporteur le regarda avec de grands yeux, puis il se mit à fondre en larmes; il n'avait pas cru qu'il y eût des gens aussi bons que cela au monde.

« Que le bon Dieu vous bénisse, dit-il en joignant les mains, pour avoir eu pitié d'un pauvre garçon qui ne le méritait guère! »

Tous les gens du bourg s'étant rassemblés autour du feu de joie, M. le curé leur dit :

« Voyez-vous, mes amis, je brûle les livres et les images de ce brave garçon, qui me laisse faire, parce que je lui ai dit que c'était offenser Dieu que de vendre des choses pareilles; et pourtant c'est là tout son avoir. »

M. le curé va quêter avec le colporteur

Deux jours après, le petit marchand, étant assez fort pour sortir, pria Jeanne de le mener à la messe. Quand elle fut finie, M. le curé lui demanda s'il pourrait venir avec lui quêter dans le village; le marchand lui dit qu'il croyait bien en avoir la force; il retourna déjeuner au Grand-Bail, et à midi M. le curé vint l'y prendre.

« Monsieur le curé, c'est moi qui veux étrenner votre bourse, dit maître Tixier.

—Ce n'est pas juste, s'écria le colporteur, ce serait bien plutôt à moi de vous donner de l'argent.

— Apprends, jeune homme, que nous n'avons jamais fait payer les gens qui mangent à notre table, et qu'il y a chez nous du pain pour tous ceux qui en demandent. Voilà ma pièce de deux francs. »

Les trois filles de Tixier donnèrent chacune une pièce de cinquante centimes, et Jeanne, ainsi que grand Louis, une d'un franc.

« Mon Dieu! que vous êtes donc tous généreux! » dit le colporteur.

M. le curé emmena le jeune marchand dans le bourg. En entrant dans chaque maison, il disait : « Voilà un garçon dont j'ai brûlé toute la marchandise; il y en avait pour cinquante francs, et je ne suis pas assez riche pour les lui rendre; je ne puis lui en donner que dix. Aidez-moi, mes braves gens, à finir la somme; quelque peu que vous me donniez, je vous en saurai bon gré. Le mérite de l'aumône ne se mesure pas à son importance, mais au bon cœur qui la fait. »

Et chacun donnait selon son pouvoir. M. le curé remerciait ceux qui donnaient peu comme ceux qui donnaient beaucoup, car il savait bien que chacun avait fait tout ce qu'il pouvait. Ils finirent leur tournée par la maison de Mme Dumont. Cette dame avait su par Jeanne l'accident arrivé au colporteur, et lui avait envoyé du bouillon et du vin vieux pendant sa maladie. Chacun dans la maison lui donna cinq francs, et, comme ils étaient cinq, cela fit vingt-cinq francs.

Le colporteur compte ce qu'il a reçu.

A leur retour au Grand-Bail, M. le curé vida la bourse sur un coffre, et dit au jeune homme de compter ce qu'on leur avait donné ; il trouva, tant en sous qu'en petites pièces, trente-deux francs soixante-quinze centimes, ce qui, avec les vingt-cinq francs de Mme Dumont, faisait cinquante-sept francs soixante-quinze centimes.

« Vous voilà riche, mon enfant, dit joyeusement le curé en mettant ses dix francs sur le tas d'argent ; je vous l'avais bien dit, que mes paroissiens ne me laisseraient pas dans l'embarras !

— Monsieur, j'ai plus que ne valaient tous mes livres : il ne faut pas me donner en outre vos dix francs.

— Si, mon ami, vous les aurez ; car je vous les ai promis.

— C'est vrai, monsieur ; mais vous avez bien d'autres pauvres qui en ont plus besoin que moi

— Je ne veux pas vous ôter le mérite de votre désintéressement ; mais ce n'est pas moi qui donnerai cette petite somme, ce sera vous. Sortons ensemble, nous la porterons à un pauvre homme, simple d'esprit, et qui est hors d'état de gagner son pain ; cela l'aidera à payer son loyer.

— Ma foi, monsieur le curé, dit le père Tixier,

ce petit marchand est au fond très-honnête; c'eût été bien dommage qu'il se perdît. »

Le lendemain le colporteur alla encore à la messe; quand elle fut finie, M. le curé lui demanda comment il allait employer son argent.

« Je vais acheter de la mercerie et des mouchoirs; je courrai les foires et les assemblées, et je ferai mes affaires, j'en suis bien certain. Je reviendrai vous voir quelque jour, et vous n'aurez pas à vous repentir de toutes vos bontés pour moi. »

Le colporteur renouvelle sa première communion.

« Mon ami, dit M. le curé, qui avait ramené le jeune marchand au Grand-Bail, il faut demain, avant de partir, entendre la messe d'actions de grâce que je dirai pour remercier Dieu d'avoir eu pitié de vous; je suis bien sûr que tout le monde ici voudra y assister.

— Pas encore, monsieur le curé! je voudrais renouveler ma première communion à cette messe-là. On est si content ici en servant Dieu, que je veux le servir aussi; mais je ne suis pas préparé pour cela.

— Mon ami, dit M. le curé en l'embrassant, rien au monde ne pouvait me causer plus de joie que cette bonne résolution. Venez passer le reste de la semaine chez moi; nous ne sommes qu'au mardi, et quatre jours d'instruction et de retraite suffiront à un garçon de votre âge qui a bonne volonté; je serai tranquille sur vous maintenant; Dieu vous a touché, vous ne quitterez plus le sentier du bien.

— Reste donc ici, dit maître Tixier, tu ne nous gênes pas; le bien qu'on fait aux pauvres gens, c'est la bénédiction d'une maison.

— Puisque M. le curé veut bien me prendre, j'irai chez lui, parce qu'ici j'aurais trop de distractions. Ça ne m'empêche pas, maître Tixier, de vous remercier beaucoup pour ne pas vous être lassé de moi.

Le dimanche suivant, le colporteur communia à la grand'messe, ainsi que plusieurs autres personnes, entre autres Jeanne et Solange. Le jeune homme, qui était encore bien pâle et avait le front bandé, édifia tout le monde par sa piété.

Après avoir déjeuné avec M. le curé, le jeune marchand lui dit adieu et lui demanda la permission de l'embrasser. Quand il passa au Grand-Bail pour y faire ses adieux, tout le monde était à dîner.

« Je ne vous oublierai jamais, ni vos bontés non plus, mes braves gens; quelque loin que j'aille, je penserai toujours que vous êtes la cause de mon bonheur, car c'est pour être resté une semaine en votre compagnie que j'ai voulu devenir honnête comme vous.

— Tu as raison, mon garçon, de vouloir être honnête homme; crois-moi, on n'est heureux qu'avec une conscience bien nette, » dit maître Tixier.

Maître Tixier fait ses conditions avec ses domestiques.

On approchait de la Saint-Jean; maître Tixier dit un soir à ses domestiques :

« Ah çà, vous autres, je n'aime pas à me trouver dans l'embarras : qui veut quitter? qui veut rester? »

Et comme personne ne parlait, il dit à grand Louis : « Voyons, toi qui es le plus vieux, restes-tu?

— Notre maître, si vous n'êtes pas las de moi, je ne suis pas las de vous : ainsi je reste, si vous me gardez.

— Te garder! je crois bien, grand Louis; il n'y a pas ton pareil pour le labour à quatre lieues à la ronde; si tu es content, moi aussi je le suis. Et toi, Claude?

— Notre maître, si vous voulez me laisser aller m'amuser toute la journée à la Saint-Jean et à la Saint-Pierre, je resterai.

— La jeunesse est toujours la jeunesse! Claude, je t'accorde ces deux jours, et tu auras une pièce de trois francs pour faire la fête; le père Bonnet viendra soigner tes bœufs. »

Le vacher et le porcher restèrent aussi; mais Marguerite, la bergère, dit qu'elle voulait aller à la *louée*.

« Notre maître, dit-elle, vous me relouerez sur la place, au prix des autres.

— Tu ne te trouves donc pas bien ici, Marguerite? dit la maîtresse.

— Si fait, maîtresse, mais je veux aller à la *louée* pour avoir un *denier à Dieu.* D'ailleurs on m'a dit que les bergères gagnaient vingt-cinq écus, et vous ne m'en donnez que vingt.

— Tu crois ces bêtises-là, toi, Marguerite?

— Dame! c'est Marie, de la ferme du Chétif-Bail, qui me l'a dit.

— Eh bien, va-t'en si tu le veux; nous ne ferons pas une grande perte : je n'ai pas oublié ce que tu as dit à la petite Jeanne.

— Qu'elle fasse comme elle voudra, dit le maître; mais je t'avertis, Marguerite, que, quand tu seras sortie de la maison, tu en seras bien dehors, et que je ne te reprendrais pas, même pour rien. Tu me connais, et tu sais que je tiens ma parole. Et toi, petite Jeanne, tu ne dis rien?

— Moi, notre maître! que voulez-vous que je dise? Est-ce qu'il y a pour moi une autre maison que la vôtre? Je n'en sortirai que quand vous me renverrez, je vous l'ai déjà dit. Je vous aime comme mon propre père, et il me semble que vos filles sont mes sœurs : qu'est-ce qu'il me faut donc de plus?

— Si c'est comme ça, ma fille, nous ne nous quitterons pas de sitôt; mais, comme nous ne sommes convenus de prix que jusqu'à la Saint-Jean, il faut dire ce que tu veux gagner l'an prochain.

— Notre maître, vous êtes un homme raisonnable; je prendrai ce que vous me donnerez, ainsi n'en parlons plus.

— Non pas, petite Jeanne, non pas! Il ne faut point que tu sois dupe. Iras-tu à l'assemblée?

— Non, notre maître, je n'ai pas le cœur à la joie ; je pense toujours à ma chère défunte, et je resterai. Je garderai toutes les bêtes pendant que vos filles iront s'amuser.

— Puisque tu ne veux pas aller à la fête, je sais bien ce que je ferai : je marchanderai toutes les bonnes servantes de maison, et tu auras le plus fort gage de la *louée* car on n'y trouvera pas ta pareille. .

— Merci, notre maître, vous êtes trop bon. »

Jeanne conseille à Marguerite de rester.

Le lendemain, Jeanne, qui n'aidait plus aussi souvent à Marguerite depuis qu'elle l'avait tant choquée, alla la trouver dans la bergerie. Tout en soignant avec elle les moutons, elle lui dit :

« Quel profit auras-tu donc, Marguerite, à quitter de si bons maîtres pour aller chez tu ne sais pas qui ? S'il est vrai qu'il y ait des bergères à vingt-cinq écus, crois-tu que c'est toi qui les gagneras ? Es-tu assez habile pour soigner tes bêtes toute seule, et travailles-tu jamais aux champs ?

— J'en vaux bien une autre, petite Jeanne ! Ils pourront bien en prendre une qui les volera, au lieu que moi je suis une honnête fille.

— Écoute donc, Marguerite : il est bien vrai que tu ne prendrais pas une fusée de fil à la maîtresse, ni un brin de laine non plus ; mais quel emploi fais-tu du temps qu'elle te paye ; car enfin, il est à elle, et le temps vaut de l'argent, puisque c'est avec le temps qu'on fait tout. Quand tu ne travailles pas, n'est-ce pas comme si tu la volais ? A quoi t'occupes-tu en gardant tes bêtes, au lieu de filer ou de tricoter ? Ne faut-il pas que la maîtresse paye pour faire faire l'ouvrage que tu n'as pas fait ? Eh bien, c'est comme si tu lui prenais cet argent-là dans sa poche. As-tu pensé quelquefois à cela ?

— Est-ce que je pense à quelque chose, moi ?

— Et tu n'en fais pas mieux. Et du pain, donc ! en gaspilles-tu avec ta chienne et tes moutons ! Je devrais le dire à la maîtresse, moi qui suis chargée du ménage ; mais je n'ai pas voulu te faire renvoyer, parce que je suis bien sûre qu'on ne voudra pas te souffrir ailleurs.

— A savoir, petite Jeanne.

— Tu ne trouveras toujours pas facilement une autre ferme où, comme ici, l'on ne crie jamais après les domestiques, et où on les soigne quand ils sont malades. Aie le malheur d'avoir seulement les fièvres, et l'on t'enverra bien vite te faire soigner ailleurs, sans s'inquiéter si tu as de l'argent ou non ! Et puis, vois-tu, ma pauvre Marguerite, on n'amasse jamais rien quand on change si souvent de condition : on a beau gagner de bons gages, je ne sais comment cela se fait, mais l'argent coule comme l'eau ; au lieu qu'en restant toujours chez les mêmes maîtres, les gages se mettent les uns sur les autres ; et quand on se marie, on trouve une bonne somme ronde pour acheter un lit et une armoire. »

Remontrances de Jeanne à Marguerite.

« Voyons, Marguerite, continua Jeanne, conte-moi pourquoi tu ne peux pas rester longtemps dans la même place. Qu'est-ce qui te pousse à toujours changer ?

— Veux-tu que je te le dise ? c'est que mes maîtres ne m'ont jamais aimée.

— Mais, dis donc, Marguerite, les aimais-tu, toi, tes maîtres? Tu n'aimes seulement pas le bon Dieu ! Est-ce que je ne te vois pas le soir agacer Claude pour le faire rire pendant la prière, au lieu d'écouter notre maître? A l'église, tu parles, tu ris, tu fais la belle; tu n'entends pas un mot de ce que dit M. le curé, et tu ne vas jamais à confesse. Sais-tu que c'est bien vilain tout ça?

— Ne voilà-t-il pas un grand mal! Je ne fais de tort à personne.

— Mais c'est à toi que tu fais tort, sans compter que tu donnes le mauvais exemple. Est-ce que l'église n'est pas la maison du bon Dieu? Prends-tu ces airs-là quand la maîtresse t'envoie porter quelque chose chez Mme Dumont? ris-tu, parles-tu, quand tu es dans ses belles chambres ?

— Ma Jeanne, je n'ose seulement pas lever les yeux !

— Est-ce que le bon Dieu qui est au ciel n'est pas plus que Mme Dumont? As-tu seulement pris garde comment ces dames se tiennent à l'église, où elles restent à genoux les trois quarts du temps? Je vais te dire la vérité, moi : on ne t'aime pas

parce que tu n'aimes personne et que tu ne sais pas
retenir ta langue. Si tu priais Dieu de tout ton
cœur, si tu aimais ceux qui t'entourent, tu verrais
comme tu serais heureuse ! D'ailleurs, c'est la volonté du bon Dieu que l'on s'aime les uns les autres, puisque l'on ne peut pas vivre tout seul. Je
sais bien ça, moi, qui aimais tant ma chère mère
Nannette : quand je l'ai perdue, c'était comme
si j'eusse été seule sur la terre, et, si je ne m'é-
tais pas attachée à nos maîtres, j'aurais fini par
mourir de chagrin de n'avoir personne à aimer.
Crois-moi donc, Marguerite, reste avec nous autres, aime-nous bien, et tu verras comme tu seras
contente ! »

Mais Jeanne eut beau dire, Marguerite voulut
quitter le Grand-Bail.

Jeanne est menacée d'une plainte en contravention.

Le jour de la Saint-Jean, chacun mit ses plus
beaux habits pour aller à la fête, et prit à peine le
temps de déjeuner. La maîtresse resta toute seule
avec Jeanne et le porcher, qui pleurait dans un coin.

« Maîtresse, laissez-le donc aller avec les autres,
ce pauvre petit ! je soignerai ses bêtes, et elles ne
mourront pas pour rester au tect toute la journée.

— Allons, porcher, dit la maîtresse, va donc,
puisque la petite Jeanne le veut. Tiens, voilà cinquante centimes pour t'amuser. »

L'enfant ne se le fit pas dire deux fois, et il
courut s'habiller.

A trois heures, Jeanne fit sortir toutes les bêtes

à laine pour les promener un peu, et elle les mena dans un champ tout près de la maison. Il n'y avait pas longtemps qu'elle était là, quand elle vit passer un chien avec la tête basse et la queue serrée : ses trois chiennes se mirent à sa poursuite en jappant. Jeanne, qui voyait bien que c'était un chien malade, criait et courait après les siens pour les faire revenir. Enfin elle en vint à bout ; mais, pendant ce temps-là, les moutons étaient entrés dans une pièce d'avoine qui ne dépendait pas de la ferme, et le propriétaire se trouvait là en ce mo... ?nt avec deux personnes.

« Ha ! ha ! je t'y prends, petite Jeanne. Ton maître, qui ne fait grâce à personne quand on va sur ses terres, aura donc son procès-verbal à son tour ! Il était si fier de n'avoir jamais été pris : il faudra bien qu'il aille devant le juge de paix comme les autres.

— Mon petit père Colis, dit Jeanne, vous ne ferez pas cet affront à mon maître : ce n'est pas sa faute si je n'ai pas veillé sur ses bêtes ; mais, voyez-vous, je n'étais occupée que de ce chien enragé, et j'avais peur qu'il ne mordît mes chiennes qui valent leur pesant d'or ; si elles avaient été mordues, il en serait arrivé du malheur dans le pays. Estimez vous-même le dommage que vous ont fait mes moutons, et je vous le payerai aussitôt que je serai rentrée à la maison.

— Du tout, petite, du tout ; je veux que le père Tixier ait sa condamnation tout comme un autre, pour lui apprendre à avoir un peu plus d'indulgence pour les pauvres gens qui sont pris sur ses

terres. Je vais aller en ville tout exprès. Tu vois
que j'ai deux bons témoins. »

Jeanne est menacée.

Jeanne, dans son chagrin, a recours à grand Louis.

« Mon Dieu! que j'ai donc de chagrin! » se dit
Jeanne quand elle fut seule.

Tout à coup elle pensa que grand Louis était l'ami du père Colis, et elle espéra qu'il la tirerait de là. Elle fit rentrer bien vite ses bêtes et dit à la maîtresse :

« J'ai bien envie d'aller un instant à la ville voir l'assemblée. Si vous le voulez, je vais faire le souper, et j'irai au bourg chercher la mère Feuillet pour vous tenir compagnie : il n'est guère que cinq heures, et ce soir il fera clair de lune.

— Va, ma Jeanne, et amuse-toi bien. Ne t'inquiète pas du souper, je le ferai faire par la mère Feuillet ; d'ailleurs, ils n'auront pas grand'faim tous en revenant. Allons, fais-toi bien brave. »

Jeanne s'ajusta de son mieux et partit pour la ville, en passant par le bourg. Quand elle fut sur la grande place, elle n'eut pas de peine à reconnaître grand Louis, et elle le tira par sa manche. Il se retourna tout en colère ; mais aussitôt qu'il vit la petite Jeanne, il se mit à rire d'aise et lui dit :

« Je ne m'attendais guère à te voir ici !

— Mon pauvre grand Louis, venez donc sur le banc là-bas ; j'ai quelque chose à vous dire, et je suis venue si vite que j'en suis tout essoufflée. »

Quand ils furent assis, Jeanne dit à grand Louis :

« J'ai promis de m'adresser à vous si jamais je me trouvais dans la peine, et m'y voilà ; il n'y a que vous, grand Louis, qui puissiez m'en tirer. »

Alors elle lui raconta ce qui lui était arrivé avec le père Colis, et comment il n'avait voulu entendre à rien.

« Et, voyez-vous, dit-elle en finissant, ce qui me désole, c'est que notre maître, qui est bien un peu fler et un peu dur pour ceux qui font mal, va être humilié et que j'en serai la cause. Vous qui êtes ami avec le père Colis, il faut aller le trouver tout de suite, mon bon grand Louis : il est là sur cette place ; promettez-lui de ma part tout ce qu'il vous demandera : rien ne me coûtera pour épargner ce chagrin à notre maître qui est si bon pour moi.

— Ne t'inquiète pas, petite Jeanne ; je vais le chercher, et je l'entortillerai si bien qu'il ne sera plus question de rien ; il faudra qu'il ait la tête bien dure s'il ne fait pas ce que je veux. Tiens, Solange est là-bas avec Joséphine ; va-t'en auprès d'elles : il faudra nous attendre tous sous le gros ormeau qui est au bout de la place, pour retourner ensemble à la maison vers les neuf heures. Tu le diras aux autres. »

Jeanne eut bien vite rejoint Solange et sa sœur. En se promenant, elles trouvèrent maître Tixier, qui leur dit avoir loué une bergère qui était forte comme un homme, et qui saurait bien tendre les gerbes et faire toute espèce d'ouvrage au besoin. En revenant, grand Louis dit à Jeanne :

« Sois tranquille, le père Colis ne fera pas de plainte ; il m'a même bien promis que personne ne saurait qu'il t'avait prise dans son avoine.

— Merci, grand Louis, vous m'avez tirée d'une grande peine. »

Jeanne continue de donner beaucoup de satisfaction à ses maîtres.

M. le curé venait souvent voir la maîtresse, qui était paralysée et ne pouvait plus marcher ni rien faire. Chaque fois qu'elle le voyait, elle lui disait :

« Que je vous ai d'obligations, monsieur le curé, d'avoir pensé à nous donner la petite Jeanne! c'est un vrai trésor pour notre maison. Qu'est-ce que je deviendrais donc dans l'état où je suis, et avec des filles si jeunes, si j'avais une servante comme il y en a tant? »

De son côté, Jeanne remerciait aussi le curé de l'avoir placée chez des maîtres qui l'avaient adoptée comme leur enfant, et chez qui elle n'avait jamais que de bons exemples sous les yeux. Elle s'échappait de temps en temps pour aller voir les dames Dumont. Comme elle cherchait tout ce qui pouvait faire plaisir à la maîtresse, elle avait demandé à Mlle Isaure des livres et du papier pour enseigner à lire et à écrire à la petite Louise.

Grand Louis fait un bon cailloutage devant la porte.

Les foins et la moisson se passèrent sans accidents. Jeanne faisait de si bonne soupe aux moissonneurs, et son pain avait si bon goût, qu'ils disaient n'avoir jamais été mieux régalés. Dès le matin, elle tirait de l'eau et la jetait à pleins seaux dans la maison; puis elle balayait pour ôter la boue et le fumier que chacun apportait aux pieds. Si grand Louis la voyait faire, il allait lui chercher l'eau. Un jour il lui dit :

« Petite Jeanne, ça m'ennuie de te voir te fatiguer, et pour rien encore! tu as beau nettoyer le matin, à midi il y en a autant.

— C'est bien vrai, grand Louis; mais, si je n'ôtais pas les ordures à fond tous les jours, nous serions, sans comparaison, comme les bestiaux dans l'étable. S'il y avait seulement un bon cailloutage devant notre porte, la boue des sabots y resterait, et la maison ne serait pas si sale. »

Le lendemain, comme il avait beaucoup plu le matin, et que les gerbes étaient trop mouillées pour être rentrées, grand Louis, après avoir aidé à les mettre debout afin qu'elles pussent sécher, revint vers trois heures, et, comme il n'avait rien à faire, il attela son tombereau et fit plusieurs voyages à la carrière voisine; il en rapporta des pierrailles et fit devant la maison un bon cailloutage.

« Tu as fait là un fameux ouvrage, dit maître Tixier en soupant; c'était bien nécessaire, et je ne sais pas pourquoi je n'y ai jamais pensé. Comment l'idée t'en est-elle donc venue?

— Ce n'est pas mon idée à moi, c'est celle de la petite Jeanne, qui a dit que, s'il y avait un bon cailloutage devant la porte de la maison, elle serait plus saine et plus propre.

— Mon garçon, tu as bien raison de faire ce que la petite Jeanne te commande.

— Notre maître, dit Jeanne toute rouge, je ne lui ai rien commandé; il l'a fait de sa bonne volonté.

— C'est encore mieux, ma fille. »

Jeanne et grand Louis achètent des terres au père Colin.

« Mes amis, dit maître Tixier, vous ne savez pas ce que le père Colis vient de me dire? Il se trouve trop cassé pour continuer à cultiver ses terres; c'est trop fort pour lui maintenant; il ne veut garder que son jardin, afin de s'occuper un peu. Comme il a perdu tous les siens et qu'il est seul au monde, il veut vendre son bien en viager. Ma Jeanne, j'ai pensé à toi pour cette bonne pièce de terre où il avait ses avoines cette année : il en veut trente écus par an; c'est bien un peu lourd, et pourtant ce serait dommage de manquer une si bonne occasion. Écoute : tu me l'affermeras quarante-cinq francs; il t'en restera autant à donner sur tes gages, juste la moitié de ce que tu gagnes, et l'autre moitié suffira pour tes dépenses. Qu'en dis-tu ?

— Notre maître, si vous croyez que c'est pour mon avantage, il faut m'acheter ce champ. Faites donc comme pour vous.

— Moi, dit grand Louis, je m'arrangerais bien de son demi-arpent de vigne dans les Pierres-Folles, et aussi de sa pièce de seigle.

— Va donc le trouver demain matin. Il veut vendre sans que ça s'ébruite, et, comme il fait grand cas de toi, tu auras de lui ce que tu voudras. »

Le jeudi suivant, maître Tixier mena Jeanne et grand Louis chez le notaire pour signer les actes.

Marguerite veut rentrer au Grand-Ball.

Vers le commencement des vendanges, Jeanne était seule à la maison avec la maîtresse, qui ne quittait plus guère le lit depuis que les chaleurs étaient passées. Elle vit entrer Marguerite, l'ancienne bergère ; elle était si changée que Jeanne eut de la peine à la reconnaître.

« Tiens ! te voilà ici, toi ! lui dit-elle.

— Mon Dieu, oui, ma Jeanne, et je suis bien dans la peine.

— Est-ce que tu n'es plus en place ?

— Non ; j'ai eu la fièvre à la fin de la moisson, et ceux de la Périnnerie, où j'étais, m'ont renvoyée. Je me suis retirée dans le bourg, chez la mère Feuillet ; la pauvre femme m'a bien soignée, mais le peu d'argent que j'avais y a passé, et il m'a fallu vendre ma robe de cotonnade violette et mon tablier noir. Si je ne trouve pas une place tout de suite, je serai obligée d'aller demander mon pain.

— Eh bien ! Marguerite, je te l'avais bien dit !

— Ah oui ! tu avais bien raison ! j'y ai souvent songé, pendant que j'étais au lit avec la fièvre et que je voyais mon pauvre argent s'en aller. »

La maîtresse, qui ne dormait pas, écarta son rideau et dit durement à Marguerite :

« Que viens-tu faire ici, toi ?

— Maîtresse, si vous vouliez me reprendre, vous me feriez une grande charité.

— Tu sais bien ce que le maître t'a dit ; tu le connais, il ne revient jamais sur sa parole. »

M. le curé engage la mère Tixier à reprendre Marguerite.

M. le curé entra et alla s'asseoir comme d'ordinaire au chevet de la mère Tixier.

« N'est-ce pas là Marguerite, votre ancienne bergère ?

— Oui, monsieur le curé.

— Elle a donc quitté le pays ? Je ne l'ai plus vue à l'église.

— Non, monsieur, elle était à la Périnnerie, de l'autre côté du bourg ?

— Elle a donc été malade ?.

— Oui, monsieur, dit Marguerite, et je n'ai plus de place ; je demandais à la maîtresse de me reprendre et elle ne le veut pas ; priez-la donc pour moi, monsieur le curé, je vous en prie !

— Ce n'est pas à l'entrée de l'hiver qu'on se charge de bouches inutiles, dit la maîtresse.

— Votre bergère se marie pour la Toussaint : si le maître veut me reprendre, il me donnera ce qu'il voudra, et je ferai tout comme la petite Jeanne me dira.

— Marguerite, continua la mère Tixier, je t'ai dit que le maître ne voudrait pas te reprendre.

— Maîtresse, si vous le lui demandiez bien !

— Tiens, le voilà qui vient, va le lui demander toi-même.

— Je n'oserai jamais ; ma Jeanne, vas-y donc ; il ne te refusera pas, toi ! »

Jeanne sortit pour aller au-devant de maître Tixier ; quand elle rentra avec lui, il lui disait ;

« Je te dis, petite Jeanne, que tu perds ta peine ; elle a voulu sortir de la maison, elle n'y rentrera pas.

— Voyez donc comme elle est changée, cette pauvre fille, dit M. le curé ; elle a été bien malade, et la voilà dans un grand embarras.

— Allons, ne vous faites donc pas si méchant, lui dit sa femme ; votre bergère doit se marier à la Toussaint, et Marguerite promet d'être bien courageuse.

— Je te dis encore une fois qu'elle ne rentrera pas ici.

— Il faudra donc qu'elle aille chercher sa vie de porte en porte, dit Jeanne ; vous ne savez pas, notre maître, ce que c'est que de tendre la main ! C'est si dur, si humiliant, que je crois qu'il vaudrait mieux être mort. J'ai tant vu pleurer ma pauvre mère quand il fallait faire une tournée, que je n'ai pas oublié la peine que ça nous faisait ; et j'étais pourtant bien petite dans ce temps-là. Que de fois nous avons passé la journée sans manger, quand il faisait mauvais temps, pour ne pas demander du pain à nos voisins ! »

M. le curé veut que l'on pardonne toujours.

« Maître Tixier, dit M. le curé, il ne faut pas être sans pitié comme cela.

— Monsieur le curé, Marguerite m'a choqué en nous quittant sans raison : car ma femme était trop bonne pour elle, qui est une fainéante au fond ; et elle a mortifié Jeanne, que je regarde comme ma fille.

— Vous voyez qu'elle en a été bien punie, et la voilà à l'aumône comme Jeanne y a été ; seulement Jeanne n'était pas en âge de travailler, ce qui est bien différent.

— Moi, je n'offense personne, monsieur le curé, et je ne veux pas qu'on m'offense ; aussi, quand on me fait une injure, je ne l'oublie jamais.

— Et vous avez grand tort, car il faut toujours pardonner. Si Dieu nous retirait son soleil chaque fois que nous l'offensons, nous n'aurions guère d'épis mûrs pour la moisson.

— Il me semble pourtant que, quand on a la conscience bien nette, on peut sans pécher en vouloir à ceux de qui on a reçu quelque injure.

— C'est de l'orgueil, cela, maître Tixier. Personne ne peut dire qu'il ne péchera pas ni qu'il n'a pas offensé Dieu ; c'est pourquoi il faut toujours faire miséricorde à notre prochain. Le pardon profite à tout le monde : il soulage le cœur qui pardonne ; il ramène au bien celui qui a commis la faute.

— Qu'elle vienne donc à la Toussaint, monsieur le curé, puisque vous le voulez.

— Mais d'ici là, que voulez-vous qu'elle devienne, cette pauvre fille ? Père Tixier, il ne faut jamais faire le bien à demi.

— D'ailleurs, dit la maîtresse, je lui ferai broyer le chanvre pendant qu'il y a encore un peu de soleil, car ta bergère n'est plus bonne à rien depuis qu'elle a le mariage en tête.

— Qu'il en soit donc fait à votre volonté, monsieur le curé. Allons, va chercher tes effets, Marguerite ; et toi, Jeanne, je te charge de veiller sur elle ; si tu n'en es pas contente, tu la mettras à la porte. »

Marguerite remercie Jeanne.

Marguerite courut au bourg chercher son paquet, et elle revint pour le souper ; avant de se coucher, elle alla trouver Jeanne à la boulangerie.

« Ma Jeanne, lui dit-elle, oublie ce que je t'ai dit, et demande-moi tout ce que tu voudras, je le ferai ; tu n'auras jamais de reproches à mon sujet, et je t'aiderai à faire ton ouvrage.

— Marguerite, je n'ai pas besoin que l'on m'aide, je fais bien mon ouvrage toute seule ; sois pieuse et n'aie plus de paresse, c'est tout ce que je te demande.

— Jeanne, il faudra que tu viennes avec moi remercier M. le curé.

— Tu peux bien y aller sans moi.

— Est-ce que je l'oserais ! je n'ai pas mis le pied à l'église depuis que je suis sortie d'ici ; il ne voudrait pas seulement me voir.

— Pourtant, c'est lui qui est cause qu'on t'a reprise.

— C'est égal, je te dis qu'il ne me laisserait pas entrer chez lui.

— On voit bien que tu ne le connais guère : n'aie pas peur, il te recevra bien, quoique tu aies des torts ; il dit que ce ne sont pas les bons qui ont besoin de lui. »

Tout le monde aime Jeanne.

Tous ceux qui venaient au Grand-Bail aimaient Jeanne, parce qu'elle était avenante pour tout le monde, pour les pauvres comme pour les autres.

Quand de petits enfants demandaient à la porte, elle les faisait entrer, les débarbouillait, leur lavait les mains. Si elle n'avait rien à mettre sur leur pain, elle tirait de la piquette pour qu'ils pussent le tremper; ou bien, s'il y avait de la *beurrée*¹, elle la leur donnait à boire. L'hiver, elle faisait cuire des pommes de terre sous la cendre pour réchauffer l'estomac de ces pauvres petits. Si des femmes âgées venaient demander l'aumône, elle les faisait asseoir au coin du feu; elle ôtait elle-même leur capote et la posait sur un lit, puis elle bassinait leurs sabots, et il était bien rare qu'elle n'eût pas quelque reste de soupe à leur donner. Quand elles s'étaient bien reposées, elles les reconduisait jusqu'au chemin, pour qu'elles ne se heurtassent pas contre les charrettes, le bois, et tout ce qui encombre la cour d'une ferme.

Après la Toussaint, l'on cassa les noix à la veillée; Jeanne, qui allait souvent chez Mme Dumont, en avait rapporté le *Livre de morale pratique*. C'est un livre bien instructif et bien amusant, et elle en lisait tout haut de beaux passages à la veillée du dimanche.

1. Dans quelques pays on dit *batture*; c'est ce qui reste de la crème, lorsqu'elle a été convertie en beurre.

Elle lisait fort bien. Quand les autres ne comprenaient pas, elle leur faisait des explications parfaitement claires, avec toute la patience et la complaisance possibles. Quelquefois, dans la semaine, les filles de maître Tixier voulaient la forcer à lire; mais elle s'y refusait, en disant qu'il fallait qu'elle cassât des noix comme tout le monde. Comme, depuis que la mère Tixier était tout à fait arrêtée, on restait dans la maison pour la désennuyer un peu, au lieu d'aller veiller dans la bergerie, la bonne fermière disait à Jeanne :

« Lis donc, les autres feront ta part d'ouvrage et veilleront un peu plus tard.

— Ce ne sera toujours pas grand Louis, dit la petite Louise; il reste là la bouche ouverte, avec ses gros yeux fixés sur la petite Jeanne, comme s'il voulait la manger. »

C'est qu'en effet il était bien changé, grand Louis ! Au lieu de brusquer tout le monde, il était doux et complaisant, surtout pour Jeanne; il n'allait plus aux fêtes des villages, et on le trouvait souvent tout songeur, les coudes sur ses genoux et la tête dans ses mains.

Grand Louis demande Jeanne en mariage.

On était en carnaval. Un matin, grand Louis entra dans la boulangerie, où Jeanne était occupée à pétrir le pain.

« Écoute, petite Jeanne, lui dit-il, il y a bien longtemps que j'ai quelque chose à te dire; mais le courage m'a toujours manqué. Je suis tout triste,

je n'ai de cœur à rien ; il faut pourtant que ça
finisse : veux-tu être ma femme ? Tu me connais,
et tu sais que tu ne seras pas malheureuse avec
moi ; j'ai cinq cents bons francs dans mon coffre
pour nous mettre en ménage ; nous avons chacun
un morceau de terre et une vigne ; d'ailleurs je ne
crains pas de travailler. Hein ! qu'en dis-tu?

— Merci, grand Louis, je ne veux pas me marier.

— C'est ça ! je m'en doutais ! tu es trop demoiselle pour prendre un paysan comme moi ! Et
pourtant, mon Dieu ! tu n'en trouveras pas un en
ville qui t'aimera autant.

— Vous avez tort de vous fâcher, grand Louis.
Si je voulais me marier, je ne pourrais trouver
mieux que vous. Mais la maîtresse est dans son lit,
incapable de rien faire, et la pauvre femme n'a
aucun espoir de guérir ; Solange ne tardera pas à
être demandée en mariage et à quitter la maison ;
Joséphine n'a que dix-sept ans, elle est trop jeune
pour soigner sa mère et tout : je ne peux donc pas
quitter nos maîtres, que j'aime tant ; il y a quelque chose au-dedans de moi qui me dit que, si je
le faisais, ce serait mal.

— Qu'à cela ne tienne, ma Jeanne, nous resterons ici ; on ne demandera pas mieux que de nous
y garder.

—Peut-être bien, grand Louis ; mais les enfants
viendront, et, quand on a des enfants, il faut être
à son ménage. On a déjà bien de la peine à vivre
toujours d'accord avec ses proches parents ; c'est
bien pis chez des étrangers. Mais pour vous prou-

ver que je fais grand cas de vous, si vous voulez m'attendre, je vous promets de ne pas me marier à un autre; je n'ai que vingt ans, vous n'en avez pas encore vingt-six, nous avons du temps devant nous.

— Comme tu voudras, Jeanne, quoique j'eusse mieux aimé nous marier tout de suite. »

Maître Tixier, qui cherchait grand Louis, entra dans la boulangerie comme la petite Jeanne finissait de parler, et, comme elle était fort rouge, il dit à son laboureur :

« Pourquoi la brusques-tu encore? Qu'est-ce qu'elle n'a pas bien fait?

— Notre maître, il ne faut pas vous fâcher contre lui; il ne me brusquait pas, au contraire.

— Oui, maître Tixier, je lui demandais si elle voulait se marier avec moi, et elle dit que nous avons bien le temps.

— Et elle a raison; vous avez bien le temps de vous mettre dans la peine; mais tu n'es pas dégouté, dis donc! de vouloir prendre Jeanne pour ta femme!

— Vous voulez vous moquer, notre maître, répliqua Jeanne; grand Louis peut bien choisir parmi toutes les jeunes filles du pays, il ne sera pas refusé.

— Et pourquoi le refuses-tu donc?

— Je lui ai donné mes raisons, et il les comprend bien; et puis nous mettrons un peu d'argent de côté d'ici à quelques années, et après, nous verrons.

— Tu as raison, ma Jeanne; allons, grand

Louis, puisque les accords sont faits, laisse-la
tranquille, et retourne à tes juments. »

Maître Jusserand, des Ormeaux, vient demander Solange.

Solange était devenue une fille bien propre,
bien soigneuse ; depuis six mois elle n'allait plus
aux champs ; elle remplaçait sa mère à la maison,
où elle aidait à Jeanne. C'était elle qui vendait
au marché le beurre et la volaille, et qui achetait tout ce qui était nécessaire dans le ménage ;
elle avait si bien profité de tout ce que Jeanne lui
avait appris, qu'il n'y avait pas dans les environs
une seule fille de métayer qui la valût. Guillaume
Jusserand, de la ferme des Ormeaux, désirait vivement l'épouser ; mais il n'avait pas encore tiré à
la conscription, et il n'osait faire connaître ses in-
tentions, parce qu'il savait bien que maître Tixier
ne voudrait pas de lui pour gendre tant qu'il n'aurait pas satisfait à la loi. Enfin le tirage se fit, et
Guillaume eut un bon numéro. Dès le lendemain,
il vint en grande cérémonie, avec son père et sa
mère, pour demander Solange en mariage.

« Tu es bien jeune pour te marier déjà, mon
garçon, lui dit le fermier.

—Tant mieux, maître Tixier, je travaillerai plus
longtemps, et je pourrai amasser quelque chose
pour ne pas être à charge à mes enfants quand je
serai vieux.

— Je vais appeler Solange pour savoir ce qu'elle
en dit. »

Elle, qui s'était bien doutée du motif pour lequel Guillaume était venu, s'était sauvée dans la boulangerie, où elle avait mis un bonnet blanc et un joli fichu ; quand son père l'appela, elle entra en baissant les yeux, et, après avoir dit bonjour à tout le monde, elle s'assit au bout du banc.

« Sais-tu bien ce que Guillaume demande ? » lui dit son père.

Solange ne répondit pas, mais elle baissa la tête et devint rouge comme une cerise.

« Ha ! ha ! il paraît que tu t'en doutes. Qu'en dis-tu ? veux-tu te marier ?

— A votre volonté, mon père.

— A ma volonté, à ma volonté ! mais je ne veux pas te contraindre. Guillaume est un brave garçon à qui l'ouvrage ne fait pas peur ; maître Jusserand est un digne et honnête homme ; enfin vous aurez quelque chose tous les deux : mais encore faut-il que cela te convienne !

— Si ça vous convient, mon père, ça me convient aussi.

— Allons ! allons ! c'est bon. Si Guillaume ne te plaisait pas, tu saurais bien le dire. Eh bien ! maître Jusserand, puisque c'est ainsi, nous irons dimanche de bon matin chez le notaire pour parler du contrat. »

Pendant ce temps-là, Jeanne avait demandé la clef de l'armoire à la maîtresse, qui la gardait toujours sous son oreiller : elle en avait tiré une nappe bien blanche et l'avait mise sur la table ; puis elle avait pris des verres bien nets sur le dressoir, car elle les lavait toujours après les repas. Comme elle avait chauffé le four le matin même, elle servit une bonne galette au fromage; elle la faisait si bien qu'on n'en mangeait pas de meilleure chez les pâtissiers de la ville. La compagnie but un coup, et l'on convint que le mariage se ferait bientôt.

On fait une belle noce à Solange.

On fit la noce au Grand-Bail; maître Tixier, qui était un peu vaniteux, invita plus de cent personnes. Il fallait faire à manger pour tout ce monde-là, et ce n'était pas une petite affaire. On prit des femmes de journée que la maîtresse commandait de son lit; car, quoiqu'elle fût infirme, rien ne se faisait dans la maison sans son avis. Jeanne préparait les viandes et faisait la pâtisserie; Solange veillait à ce qu'il n'y eût pas de gaspillage. La noce se faisait par moitié entre les deux familles, comme c'est la coutume; les Jusserand avaient envoyé leur part de farine, de vin, de beurre, de viande et de volailles, ainsi que de l'huile pour les salades. La noce devait durer trois jours; tout fut prêt à temps, et les cornemuses arrivèrent pour mener la mariée à l'église.

Tout était bien ordonné; on avait mis une table dans la belle chambre pour M. le curé, la famille Dumont, le père et la mère du marié et les parrains et marraines. Maître Tixier la gouvernait, et l'on avait levé la maîtresse, qui était à un bout, dans son grand fauteuil, entourée d'oreillers. La mariée servait avec le marié, et de temps en temps elle allait visiter les autres tables.

« Mon Dieu, mère Tixier, dit la mère Jusserand, on dirait que tu es fâchée d'avoir mon Guillaume pour garçon? C'est pourtant un bon enfant, je t'assure.

— Ce n'est pas cela qui me peine, ma chère; mais tu vas emmener Solange et j'en ai un grand chagrin.

— Laisse donc! elle ne sera pas si loin de toi.

— C'est vrai, mais je ne la verrai plus à tout moment, comme j'en ai la coutume.

— Ma femme, dit maître Tixier, sois donc plus raisonnable; est-ce qu'on a des enfants pour soi? Ne faut-il pas que leur contentement passe avant le nôtre? Voyons, fais-nous donc un meilleur visage! Tiens! voilà nos maîtres qui viennent: ne vas-tu pas leur faire la mine? »

La famille Dumont entra et se mit à table. Les demoiselles avaient apporté une belle couverture de laine blanche à Solange et un gobelet d'argent pour le marié.

Jeanne veille à tout.

Jeanne veillait à ce que rien ne manquât sur les tables dressées dans la grange et sur celles de la maison. Quand un plat était fini, elle en servait promptement un autre tout semblable. Elle faisait la part des pauvres, qui s'étaient rangés le long des murs de la bergerie pour recevoir ce qu'on leur donnerait; elle leur apportait de tout ce qu'il y avait à la noce, et une chopine de bon vin à chacun. Les uns s'asseyaient sur le chaume pour manger leur part, d'autres l'emportaient à leurs enfants. Jeanne qui les connaissait tous, avantageait en cachette ceux qui avaient beaucoup de famille; elle venait de temps en temps voir s'il ne manquait rien à la table du maître, qui disait à sa compagnie :

« Vous voyez bien Jeanne ! elle songe à tout Je ne m'inquiète pas plus de la noce que si ce n'était pas chez nous qu'elle se fît. Je suis sûr que personne ne manquera de rien, pas plus les pauvres que les autres. »

Après la noce, l'on prit une autre bergère, et Joséphine put rester à la maison pour remplacer sa sœur. La maîtresse avait bien du chagrin du départ de sa fille aînée; mais elle se consola quand Jeanne eut dressé sa sœur. Louise grandissait à vue d'œil et savait joliment lire, écrire et compter; elle était fort adroite, et faisait de ses doigts ce qu'elle voulait. Sa mère, qui la gâtait un peu, n'avait pas voulu qu'elle allât aux champs comme les autres. Cette enfant ne pouvait pas vivre sans sa Jeanne, et elle avait demandé à coucher dans la boulangerie à la place de Solange. Tout allait bien à la maison, sauf la maîtresse, qui gardait presque toujours le lit.

Grand Louis déclare à son maître qu'il veut se marier.

Il y avait déjà deux ans que Solange était mariée; on approchait de la Saint-Jean. Grand Louis dit à Jeanne :

« Tu as fait ton devoir, petite Jeanne; tu as bien soigné la maîtresse et la maison aussi; à présent que Joséphine est capable de gouverner tout le monde, veux-tu nous marier?

— Grand Louis, si vous avez toujours votre idée sur moi, ce sera quand vous voudrez; mais il faut en parler à maître Tixier.

— C'est trop juste, ma Jeanne; je vais lui en dire un mot, et pas plus tard que ce soir. »

Au lieu d'aller à l'écurie se coucher en même temps que les autres, grand Louis resta et, s'approchant de maître Tixier, il lui dit :

« Notre maître, Jeanne et moi nous voulons nous marier, et nous vous demandons votre avis.

— Qu'est-ce que tu me dis-là, grand Louis? Vous marier! me quitter! mais tu veux donc ma ruine? Que veux-tu que devienne ma maison, quand vous n'y serez plus? Qui donc aura soin de ma pauvre femme qui ne bouge plus du lit? Joséphine est encore trop jeune pour gouverner le ménage; Simon, qui n'a pas tiré à la conscription, n'est pas capable de tenir la charrue toute la journée dans les terres fortes; et si je tombais malade aussi, qui donc surveillerait les autres domestiques? Est-ce que tu veux perdre ma maison? Qu'est-ce que je t'ai fait, pour que tu me mettes dans une si grande peine?

— Notre maître, il ne faut pas vous échauffer comme ça, il faut écouter la raison. Vous savez bien qu'il y a trois ans j'ai demandé Jeanne, et qu'elle a refusé de se marier parce qu'elle voyait que la maîtresse ne pouvait se passer d'elle: la pauvre fille vous aimait trop pour vouloir vous laisser dans l'embarras. Mais à présent que Joséphine peut remplacer sa mère, nous voulons nous marier. C'est assez avoir attendu ; car enfin la jeunesse se passe, voyez-vous, notre maître ! »

La maîtresse dit qu'il faut les laisser marier.

« C'est donc bien vrai que tu veux nous quitter, petite Jeanne? dit la maîtresse, qui ne dormait pas et qui avait tout entendu.

— Ma chère maîtresse, je n'ai point de parents ; si j'avais le malheur de vous perdre tous les deux, je ne pourrais me faire à d'autres maîtres, et je ne trouverai jamais un autre homme comme grand Louis, que j'aime depuis longtemps. »

Maître Tixier avait la tête dans ses mains et restait sans mot dire.

« Elle a raison, notre homme ; il faut les laisser marier, mais à la condition qu'ils ne nous quitteront pas.

— Oui, dit le maître ; promettez-moi de rester tant que Joséphine ne sera pas mariée.

— Puisque vous le voulez, nous resterons avec vous, n'est-ce pas, petite Jeanne?

— Mais, dit-elle, quand les enfants viendront, je ne pourrai plus faire autant d'ouvrage; ils crieront et ça vous ennuiera.

— Ne t'en inquiète pas, dit Louise; c'est moi qui les soignerai, tu n'en auras pas l'embarras.

— Est-ce que mes enfants n'ont pas crié? dit le maître ; est-ce que ceux qu'auront Joséphine et Simon, quand ils seront mariés, ne crieront pas? et n'es-tu pas notre enfant aussi bien qu'eux ?

« — Que vous êtes donc bons, tous ! dit Jeanne.

— Ainsi, c'est entendu, vous ne nous quitterez pas ? »

Jeanne et grand Louis promirent de rester. Un mois après ils se marièrent sans noce et sans bruit. M. le curé, qui aimait beaucoup Jeanne, lui donna un déjeuner après la messe du mariage; il y invita les témoins, à la tête desquels se trouvait le père Tixier. Le soir, au Grand-Bail, on donna du bon vin à tout le monde pour boire à la santé des mariés.

TROISIÈME PARTIE.

JEANNE ÉPOUSE ET MÈRE.

Il vient mal à la jambe de maître Tixier.

Jeanne était mariée depuis six mois, Joséphine gouvernait bien la maison, et Louise continuait d'apprendre tout ce qu'elle voulait. Un jour, maître Tixier rentra en traînant la jambe.

« Qu'avez-vous donc, notre maître? est-ce que vous vous êtes fait mal?

— Non, petite Jeanne; mais il m'est venu des boutons à la jambe; il y a un mois que ça va et que ça vient, et depuis deux jours j'en souffre tout à fait.

— Il faut soigner ce mal-là. Je vais aller chez M. le curé, qui a des remèdes pour tout; il trouvera bien ce qu'il faut pour vous guérir.

— Laisse donc! ça n'en vaut pas la peine.

— Si fait, notre maître, ç'en vaut la peine; j'ai toujours entendu dire à ma chère défunte, qu'un mal pris à temps n'était rien, mais qu'un mal négligé c'était une ruine.

— C'est bon! tu iras dimanche; ce n'est pa.

8

quelques jours de plus ou de moins qui y feront grand'chose. »

Le samedi, quand le meunier vint chercher la fournée, tous les hommes étaient au travail; maître Tixier monta au grenier et mesura le blé pour le donner à moudre. En descendant, son pied glissa le long de l'échelle, comme il était presque en bas; sa jambe malade frotta et fut écorchée; il rentra tout tremblant et se jeta sur une chaise.

« Mon Dieu, notre maître, comme vous êtes pâle! Qu'est-ce qui vient donc de vous arriver? »

Maître Tixier, sans répondre, leva le bas de son pantalon, et Jeanne vit une écorchure longue de quatre doigts, avec une entaille toute saignante au bas. Elle chercha tout de suite un bout de linge, le trempa dans l'eau fraîche et l'appliqua sur la plaie; puis elle envoya Louise chez M. le curé.

« Dis-lui que ton père s'est blessé sur un mal qu'il avait déjà; il apportera ce qu'il faut. »

M. le curé ne tarda pas à venir; il apportait une petite bouteille de teinture d'arnica, dont il mit quelques gouttes dans l'eau, et il mouilla une compresse; il en couvrit la plaie et banda la jambe, puis il laissa une petite éponge à Jeanne en lui recommandant de s'en servir pour mouiller le linge sans l'ôter, quand il serait sec; il dit au père Tixier que, s'il voulait guérir, il fallait rester au lit sept ou huit jours.

« C'est bien difficile, monsieur le curé; il y a tant à faire ici!

— Il faut pourtant rester tranquille; vous n'êtes plus jeune, mon ami et les plaies aux jambes ne guérissent pas facilement à votre âge. Si vous ne voulez pas être infirme pour le reste de vos jours, restez en repos comme je vous le dis.

— Et comment donc faire?

— Ne vous tourmentez pas, notre maître, dit Jeanne; est-ce que grand Louis n'est pas là pour faire ce que vous commanderez? Soyez tranquille, restez au lit une bonne huitaine, et rien n'en souffrira dans la maison. »

Il vient un officier en remonte marchander les juments de maître Tixier.

Un matin, maître Tixier, qui ne marchait pas encore, était assis dans son fauteuil auprès de la porte; il vit venir à lui un grand officier de cuirassiers, suivi de son maréchal des logis.

« Tiens! s'écrie-t-il en voyant le maréchal des logis, c'est Étienne Durand, de la Tréchauderie! Comment se fait-il que tu sois dans le pays, mon garçon?

— Parce que j'y suis venu avec mon capitaine, que voilà. Nous achetons des chevaux pour le régiment, et je me suis souvenu que votre écurie était toujours bien montée.

— Jeanne, va tirer du vin, et du meilleur! Monsieur l'officier, vous allez boire un coup.

— Merci, mon brave homme, je suis très-pressé. Faites donc sortir vos chevaux de l'écurie, s'il vous plaît. »

Jeanne appela son mari, qui amena les quatre juments devant la porte.

« Voilà de belles bêtes, dit le capitaine, je n'en ai pas vu de semblables dans tout le pays. »

Et il se mit à les examiner, à les faire trotter, galoper; il rentra pour en faire compliment à maître Tixier et lui demanda combien il voulait les vendre.

« Ma foi, monsieur l'officier, je ne me soucie pas de m'en défaire; ce sont de braves bêtes sans défauts, et je ne les remplacerai jamais; et puis, sans vous offenser, ce serait trop cher pour vous : on ne donne pas des chevaux de ce prix-là aux soldats.

— Vous voulez donc les vendre bien cher?

— On m'a offert douze cents francs de la grise et trois mille francs des trois autres ensemble.

— C'était bien payé; mais ce n'est pas seulement pour mes hommes que j'achète des chevaux; je suis quelquefois chargé par mes camarades de leur trouver quelque belle bête, et justement mon colonel m'a demandé un beau cheval de bataille; ainsi, nous ferons affaire ensemble, si vous le voulez.

— Je vous dis, monsieur le capitaine, que je n'ai pas envie de vendre mes juments.

— Pourquoi donc, mon ami? Avec la moitié du prix que je vous en donnerai, vous aurez deux poulains de trente mois qui feront parfaitement votre service et qui deviendront à leur tour de beaux chevaux entre les mains de votre homme, qui s'entend si bien à les soigner.

— Monsieur l'officier, il faut dîner avec nous! nous traiterons cette affaire-là le verre à la main.

Ce n'est que le dîner d'un paysan, mais le cœur y est.

— Pas pour aujourd'hui, mon ami ; j'ai un rendez-vous à la ville avec le maquignon ; mais je viendrai après-demain, et, si vous voulez que nous fassions marché, je me prie à dîner sans cérémonie.

— C'est dit, monsieur l'officier ; et toi, Étienne, tu n'y manqueras pas : il faut renouveler connaissance.

— Merci, père Tixier ; je viendrai, soyez-en sûr, » dit-il en regardant Joséphine.

Maître Tixier veut qu'on donne un bon dîner à l'officier.

« Allons, Jeanne, et toi, Joséphine, il faut se distinguer, mes enfants ; nous allons bien régaler l'officier, afin qu'il se souvienne des dîners du Berry quand il sera retourné à son corps. »

Le surlendemain, les deux militaires arrivèrent à midi. Le dîner était prêt. Maître Tixier, assis dans son fauteuil de paille, avait la jambe étendue sur une petite chaise et appuyée sur un oreiller ; on donna le fauteuil de la maîtresse à l'officier, qui dit en se mettant à table :

« Eh bien ? maître Tixier, avez-vous fait vos réflexions ?

— Monsieur le capitaine, mangeons d'abord en repos, puis on parlera d'affaires. Simon, va-t'en au cellier, mon garçon ; tu chercheras derrière la cuve, dans le coin à gauche, il y a quelques bouteilles de vin vieux que je gardais pour une bonne occasion ; tu vas les apporter sans les remuer et Jeanne les dépotera.

— Mais pourquoi ces deux jolies filles ne se mettent-elles pas à table avec nous ? dit le capitaine en mangeant la soupe.

— Monsieur, dans notre pays, les femmes ne se mettent jamais à table avec les hommes, et le maître mange toujours tout seul ; je trouve la coutume bonne et je la conserve.

— Vous avez là une belle famille, ma foi ! je vous en fais mon compliment.

— Tout n'est pas là, monsieur : j'ai une fille mariée dans le voisinage ; mais cette grande brune n'est pas à moi : c'est notre servante, la femme du laboureur qui soigne les juments ; ce qui n'empêche pas que je l'aime autant que mes propres enfants. Elle a dressé mes filles mieux que si je les avais mises dans les pensions ; et, si je n'avais pas ma pauvre femme infirme, là, dans son lit, j'aurais le cœur léger et l'esprit tranquille avec Jeanne et son mari pour soigner ma maison. »

Étienne Durand demande Joséphine à son père.

« Maître Tixier, dit l'officier, vous devez remercier Dieu de vous avoir donné d'aussi bons domestiques, car on n'en rencontre pas souvent de semblables. Savez-vous qu'on fait très-bonne chère chez vous ? je n'ai jamais rien mangé de meilleur que cette étuvée et cette fricassée noire.

— Oh ! c'est que la petite Jeanne est une fine cuisinière. »

Quand on servit une belle dinde rôtie à point, l'officier s'écria :

« Comment ! ce n'est donc pas fini ?

— Et ce pâté, et les écrevisses, et la galette, et puis les friandises ! C'est que Jeanne veut que rien n'y manque.

— C'est vraiment beaucoup trop ! Que faites-vous donc, maître Tixier, quand vous mariez vos filles, si vous donnez un repas comme celui-ci à deux personnes ?

— Je n'en fais pas davantage, monsieur l'officier ; seulement, au lieu d'un pâté il y en a quarante ; au lieu d'une dinde j'en mets quinze, et ainsi de tout ; puis l'on défonce deux pièces de vin pour qu'il soit plus tôt tiré.

— Hé ! hé ! comme vous y allez dans votre pays ! Et quand marierez-vous cette jolie blonde qui me donne une assiette ?

— Si maître Tixier veut m'écouter, dit Étienne Durand, le maréchal des logis chef, et que Joséphine n'ait pas oublié son ancien ami Tiennaud, qui s'amusait à la faire sauter quand elle était petite, ça ne tardera pas. Si tu veux m'attendre, Joséphine, tu ne t'en repentiras pas ; tu seras bien heureuse avec moi.

— Ça n'est pas de refus, Étienne, dit le père Tixier : vous êtes de braves gens et ça me va ; mais il me faut un gendre qui demeure avec moi, je t'en avertis.

— Justement, il y a trop de monde chez nous pour que j'y trouve place. Voyons, Joséphine, est-ce que je te fais peur, que tu détournes la tête ? »

Joséphine rougit et ne répondit rien; mais Jeanne dit :

« Étienne, revenez après avoir fini votre temps de service, et ne vous occupez pas du reste. »

L'officier demande à maître Tixier s'il est heureux.

« Vous m'avez l'air d'être fort heureux, maître Tixier, dit le capitaine; je connais bien des gens plus riches que vous et qui n'ont pas le bon esprit de savoir se contenter de leur sort.

— Ma foi, monsieur l'officier, quand tout mon monde se porte bien et est à l'ouvrage, que les blés sont bien venants et les bergeries en bon état, je ne vois pas trop ce qui pourrait me manquer.

— Mais la grêle, les maladies?

— Que voulez-vous, monsieur! Dieu a bien fait ce qu'il a fait; nous savons ça mieux que les autres, nous qui travaillons à la terre et qui soignons le bétail. La grêle et les autres fléaux sont des épreuves que Dieu nous envoie, et il ne faut pas en murmurer. Les maladies nous avertissent que notre corps ne peut pas toujours durer, ou bien que nous le gouvernons mal.

— Ne trouvez-vous donc pas qu'il aurait mieux valu mourir sans souffrir?

— Oh! que non; le mal que l'on endure fait penser à Dieu, qu'on n'est déjà que trop porté à oublier. Si le corps ne ressentait aucun mal, on ne saurait pas quand on abuse de ses forces. Et si, quand on se heurte quelque part, la douleur ne nous avertissait pas du danger, on se briserait comme verre sans s'en douter.

— Savez-vous bien, maître Tixier, que vous parlez là comme un livre.

— Je ne sais pourtant pas lire, malheureusement pour moi! mais je fais attention à tout ce que j'entends, et je parle souvent avec notre curé, qui est un savant homme; puis je rumine tout ça la nuit, car à mon âge on ne dort plus guère, et j'ai reconnu que Dieu a fait tout pour le mieux dans ce monde.

— Moi, je ne suis pas tout à fait de cet avis-là; je me demande pourquoi nous ne sommes pas nés avec une bonne toison sur le dos pour nous préserver du froid qui nous fait tant souffrir; et aussi pourquoi nous n'avons pas d'armes naturelles, comme les bœufs, par exemple, pour nous défeudre contre nos ennemis. Il me semble que Dieu ne nous a pas favorisés.

— Et cette tête, et cet esprit qui n'est jamais en repos, répondit Tixier, les comptez-vous donc pour rien! Tenez, il y a des gens qui se mettent de drôles idées dans la tête; ils feraient bien mieux de remercier le bon Dieu qui les a créés que de critiquer son ouvrage. Moi, je n'en cherche pas si long pour le bénir : il me suffit de regarder les animaux qui sont autour de moi pour comprendre que je suis mieux partagé qu'eux. Voyons, mon capitaine, avez-vous jamais vu des chevaux (et pourtant cet animal n'est pas bête) semer de l'avoine, la récolter et la mettre à l'abri pour l'hiver? Ont-ils jamais eu l'idée d'atteler les hommes à la charrue et de les faire travailler pour eux ? Et ces bœufs qui vous semblent si bien armés, un enfant les conduit avec une baguette, et je crois bien que vous ne changeriez pas votre grand sabre contre leurs cornes.

— Mais il me semble que vous travaillez pour vos chevaux pendant une bonne partie de l'année ?

— Écoutez donc ! c'est trop juste. Je les prive de leur liberté à mon profit ; il faut bien qu'ils aient chez moi leur nourriture, puisqu'ils ne peuvent pas aller la chercher à leur fantaisie ; et mieux je les nourris, plus ils travaillent : c'est donc dans mon intérêt que je tâche de récolter beaucoup de trèfle et d'avoine. Mais, pour en revenir à ce que nous disions tout à l'heure, qu'importe que l'homme n'ait ni plumes ni toison, s'il a l'esprit de filer le chanvre et la laine ? Qu'importe qu'il naisse sans armes, s'il sait s'en faire avec tout ? Tenez, monsieur l'officier, c'est être ingrat et offenser Dieu que de penser qu'il nous a moins bien traités que les animaux privés de raison, nous qui le connaissons et savons le prier. »

L'officier s'étonne d'entendre parler maître Tixier de cette façon-là.

« Mais où avez-vous pris tout ce que vous venez de me dire, maître Tixier, puisque vous ne savez pas lire ?

— Je vous l'ai dit, mon capitaine ; je fais attention à tout ce que j'entends, et la nuit je le repasse dans ma tête. »

Puis il ôta son chapeau, et, regardant le ciel, il continua :

« Je lève souvent les yeux pour penser à celui qui est là-haut, et je les abaisse sur la terre pour le bénir. Quand je vois le ciel avec son beau soleil et ses étoiles, je dis que celui qui a fait tout ça s'y entend mieux que nous, et qu'il n'y a rien à redire à son ouvrage. Le soleil réchauffe les méchants comme les bons ; la pluie fait pousser le blé de tout le monde, sans préférence pour personne : c'est pour nous faire comprendre qu'il faut être bon comme Dieu pour lui plaire.

— Mais à ce compte-là, maître Tixier, les méchants seraient aussi bien traités que les bons.

— Le Seigneur est mort pour eux aussi, mon officier ; mais on n'est pas heureux en faisant le mal, demandez à notre curé ! Il vous dira qu'il n'y a point de repos pour les méchants, et que le mal qu'ils font les tourmente plus qu'il ne nuit aux autres. D'ailleurs, est-ce que nous n'avons pas les récompenses et les peines de l'autre vie pour nous rassurer là-dessus ? Laissons faire à la bonté de Dieu, et confions-nous dans sa justice.

— Maître Tixier, vous êtes un digne homme, et je vous offre mon amitié en échange de la vôtre. Si vous l'acceptez, je m'en tiendrai fort honoré.

— Mon capitaine, tout l'honneur sera pour moi. Touchez là, et si jamais vous avez besoin de Sylvain Tixier, venez le trouver sans crainte ; la nuit comme le jour, il sera prêt à vous servir. Parlons affaires, maintenant. Jeanne, va chercher ton mari. »

Maître Tixier vend ses juments.

« Voyons, grand Louis, mets-toi là ; tu vas boire un coup et manger des gâteaux de ta femme. Louise, donne-lui un verre. Voilà monsieur l'officier qui a grande envie de la Grise : faut-il la lui vendre ?

— Notre maître, à votre volonté ; mais je vous avertis que, si vous la vendez, la Blanche dépérira. Vous savez bien qu'elles ne peuvent pas se passer l'une de l'autre ; quand vous emmenez l'une des deux pour aller seulement à la ville, l'autre ne travaille pas la moitié autant qu'à l'ordinaire, et elle ne mange pas un seul brin de foin tant que vous n'êtes pas revenu.

— C'est une raison, ça ; je n'y avais pas pensé.

— Mon capitaine, dit Étienne Durand, le colonel a besoin de chevaux de voiture : si l'on prenait la Grise et la Blanche, sauf meilleur avis ?

— Vous avez raison, Durand ; voyons, maître Tixier, quel prix en voulez-vous ?

— Vous savez, monsieur l'officier, que j'en ai refusé deux mille deux cents francs, et je vous ai dit la vérité ; mais, comme je ne veux pas faire marchander un homme comme vous, donnez-moi deux mille francs nets et je serai content.

— C'est un peu cher, maître Tixier.

— Je n'en peux rien rabattre, et je vous demanderai encore une pièce de vingt francs par jument pour les épingles de grand Louis. Qu'en dis-tu, toi ?

— Notre maître, répondit grand Louis, je dis

que c'est leur prix ; mais, si monsieur l'officier sépare les pauvres bêtes, elles dépériront, je l'en avertis, car elles ne se sont jamais quittées.

— Allons, puisqu'il faut en passer par là, va donc pour deux mille francs et les épingles. Vous, mon garçon, soyez tranquille ; je vous promets que vos juments vivront dans la même écurie et qu'elles seront attelées à la même voiture. Maître Tixier, je ne peux pas prendre vos bêtes tout de suite ; vous me les amènerez à la foire de Vatan dans cinq jours. Je n'achète pas comme un particulier, moi ; il faut que mon marché soit signé des autorités. Je vais laisser les épingles à votre homme, pour qu'il soigne bien mes juments. Adieu, maître Tixier ; merci de votre bon accueil. »

Étienne Durand demanda la permission de causer un instant avec Joséphine, et partit plein d'espoir avec son officier.

Maître Tixier est content de son marché.

Maître Tixier dit à Jeanne qu'il fallait régaler tout le monde de la maison avec les restes du dîner, afin que chacun eût sa part de plaisir. A souper, grand Louis dit :

« Notre maître, le cœur me saigne de perdre ma pauvre Grise et la Blanche, que j'ai élevées et soignées depuis quatre ans.

— Moi je ne me repens pas de mon marché. C'est une bêtise à un paysan d'avoir de si beaux chevaux dans son écurie : s'il leur arrive un accident, c'est une rude perte pour lui et dont il se ressent longtemps. J'aurai pour huit cents francs deux beaux poulains, et le reste de mon argent servira pour marier Joséphine. Enfants, les juments ne sont plus à nous ; ainsi ne vous avisez pas de les faire travailler ; il faut me les soigner mieux que si leur nouveau maître était là : entendez-vous ? »

La veille de la foire, Étienne Durand vint voir les chevaux ; mais il s'en occupa moins que de Joséphine ; il avait vu son père, qui trouvait bon qu'il épousât la fille de Tixier ; il dit qu'il reviendrait dans huit mois, et Joséphine, qui le trouvait à sa convenance, promit de l'attendre.

Jeanne a une petite fille. — La petite Nannette.

Jeanne eut une petite fille : elle n'en cacha pas sa joie, quoique grand Louis, qui désirait un garçon, fît un peu la grimace ; mais quand il eut embrassé la petite Nannette (car Jeanne voulut donner à sa fille le nom de l'excellente femme qui avait été pour elle une seconde mère), il fut si aise, qu'il ne pensa plus au garçon. On baptisa l'enfant, dont Louise fut marraine avec Guillaume, son beau-frère.

La petite Nannette était si douce, si tranquille, qu'on ne l'entendait jamais crier. Quand elle avait tout ce qu'il lui fallait, on la posait sur le lit de la maîtresse, à côté d'elle, et on ne la tenait jamais sur les bras.

« Eh bien ! disait maître Tixier, cette enfant qui devait me casser la tête, je ne l'ai pas encore entendue. Vous la laissez sur le lit comme une souche : si elle était méchante, vous seriez toutes après ; et parce qu'elle est douce, vous ne vous en occupez seulement pas. C'est toujours comme ça.

— C'est bien vrai, mon père, dit Louise ; mais Jeanne ne veut jamais que je la prenne.

— Ne l'écoute pas, ma fille ; moi, je te commande de la promener.

— Notre maître, elle en prendra l'habitude, puis elle ne voudra plus rester au lit.

— Ne voilà-t-il pas un grand malheur ! vous êtes six femmes ici, et vous ne pouvez pas tenir cette petite les unes ou les autres ! Si c'était aussi bien l'enfant de Joséphine, tu ne le laisserais pas comme ça !

— Mais, notre maître, ce n'est pas la même chose.

— Et moi je dis que si, entends-tu ? »

Étienne Durand revient du régiment pour épouser Joséphine.

Étienne Durand revint au bout de huit mois, comme il l'avait promis. Il passa au Grand-Bail avant d'aller chez son père, tant il était impatient de savoir par lui-même si Joséphine l'avait attendu. On fut bien content de le revoir, et, un mois après son retour, on fit la noce chez ses parents, dont la ferme n'était qu'à un quart de lieue du Grand-Bail.

« Qu'est devenu ton capitaine ? dit maître Tixier en ramenant sa fille chez lui.

— Il a eu de l'avancement, et on l'a envoyé en Afrique. »

Un jour que le père Tixier dînait à sa petite table, comme à son ordinaire, son gendre lui dit:

« Quel profit trouvez-vous donc, mon père, à manger du pain d'orge? C'est une mauvaise nourriture: il en faut une très-grande quantité, et il n'y a pas de pain qui se pétrisse plus mal ni qui soit plus difficile à conserver.

— Et que veux-tu que je fasse de mon orge, Étienne?

— Il n'en faut pas récolter du tout, ou du moins n en récolter que bien peu. Dans un pays à froment comme celui-ci, c'est une duperie que de semer de l'orge.

—Mais je ne peux pas toujours faire du froment; la troisième année, il faut bien occuper les terres.

— D'abord, mon père, vous en labourez trop; si vous en faisiez un tiers de moins, ellés seraient mieux fumées, elles vous coûteraient moins de façon et vous récolteriez autant.

— C'est pourtant vrai, ce que tu dis-là, Étienne! mais il faut cependant que mes terres soient occupées.

— Eh bien! vous sèmerez deux fois plus de trèfle et de sainfoin; vous élèverez du bétail qui vous rapportera de bon argent, et vous pourrez fumer davantage vos terres et les améliorer. C'est comme vos foins: vous les coupez beaucoup trop tard, lorsqu'ils sont déjà durs. Ordinairement, vers la fin de mai, il y a un vent qui souffle entre le nord et le levant, et qui donne du beau temps pour une bonne semaine au moins. Coupez votre foin alors; vous en aurez davantage, il aura plus de goût, et vos bêtes le mangeront sans en gaspiller; et puis vos regains seront plus précoces, vous les serrerez avant les pluies d'automne, qui les gâtent si souvent. Voulez-vous me laisser essayer cette année? J'ai bien observé ce que j'ai vu dans les autres pays, et je voudrais mieux faire qu'on ne fait ici. C'est comme les moutons, à qui vous ne faites de litière que tous les mois, et dont la bergerie n'est nettoyée que deux fois par an; croyez-vous y trouver du profit? Mettez donc souvent de la litière, et qu'on ôte le fumier tous les mois; le chaume ne manque pas ici, et vous verrez vos bêtes! »

Le père Tixier, qui n'était pas têtu, fit ce que voulait son gendre. Il cultiva aussi des betteraves et des carottes dans ses terrains légers, et il s'en trouva bien.

Simon tire au sort et amène un mauvais numéro.

Le jour du tirage approchait: maître Tixier consulta son gendre pour savoir s'il valait mieux mettre à l'assurance pour Simon que de courir la chance de tirer un bon numéro, quitte à chercher un homme si l'on en avait besoin.

« Moi, dit Étienne, je vous conseille de ne faire ni l'un ni l'autre. Si votre fils tire un mauvais numéro, laissez-le partir; rien ne fait plus de bien à un garçon que de voir un peu de pays: ça lui ouvre les idées. Je serais bien fâché d'être resté chez nous, au lieu d'aller au régiment. Je ne savais rien quand je suis parti, et maintenant je sais lire, écrire et parfaitement compter. J'ai oublié toutes les bêtises qu'on se met dans la tête quand on n'est jamais sorti de son endroit, et j'ai de reste les quinze cents francs qu'un homme m'aurait coûté. Est-ce que tu as peur de partir, Simon?

— Mais non, pas trop; j'aimerais bien à voir du pays.

— Tu as raison, mon frère; d'ailleurs, l'on apprend à obéir quand on est au corps; et quand on sait bien obéir, on sait bien commander. »

Le père Tixier suivit le conseil de son gendre; le sort tomba sur son fils, et il attendit patiemment qu'on l'appelât sous les drapeaux.

Jeanne veut se faire bâtir une maison.

Jeanne dit un jour à son mari :

« Grand Louis, Joséphine est mariée, nous avons un enfant, nous pouvons en avoir d'autres : il faut songer à nous retirer, mon homme; nous commençons à être de trop dans la maison.

— Je crois que tu as raison, ma femme; mais où aller demeurer?

— J'ai envie de bâtir une petite maison bien propre, bien commode, avec un jardin par devant. Qu'en dis-tu?

— Je dis que ça nous coûtera beaucoup; mais ce serait bien mieux. Et puis les gens qui sont logés chez eux font meilleure figure.

— Tiens, grand Louis, il faut la bâtir sur la pièce de terre que j'ai achetée du père Colis; c'est tout auprès du chemin, et la terre est excellente. Il ne faudra pas longtemps pour qu'elle fasse un

bon jardin et une bonne chènevière. Parlons-en
à notre maître. »

Tixier dit qu'ils n'avaient pas tort de vouloir
être chez eux, mais qu'on avait bien le temps d'y
penser.

« Pas déjà tant, maître ; il faut commencer à
s'en occuper : on ne plante pas une maison comme
un arbre. »

Le dimanche suivant, ils allèrent voir le champ
tous ensemble. Jeanne expliqua qu'elle voulait que
sa chambre fût élevée sur l'étable, qu'on creuse-
rait de deux pieds pour la rendre plus chaude
l'hiver, et qu'elle demanderait à Mme Isaure, qui
s'était mariée presque en même temps qu'elle, de
lui en faire un dessin.

« Allons-y tous trois de ce pas, » dit le père
Tixier.

Quand ils furent arrivés chez Mme Dumont, on
leur fit voir différents dessins de maisons. Jeanne
en choisit une qui avait un petit perron de dix
marches sur le côté, et une galerie sur la façade.
Le toit avançait d'un mètre tout autour pour garantir le perron et la galerie ; ce qui permettait
aussi de mettre les ustensiles de culture à l abri
sur les deux autres côtés. Cette maison contenait
d'abord l'étable en bas et un cellier aussi creusé de
deux pieds ; et dans l'étable un petit endroit qui
n'existe pas ordinairement dans les maisons de
paysans, et auquel Jeanne tenait beaucoup par
propreté. Au-dessus, deux chambres et un petit
escalier pour aller au grenier ; car Jeanne trouvait
bien laid pour une femme de monter à l'échelle,

Mais il fallait au moins quinze cents francs pour bâtir cette maison, et grand Louis trouvait que c'était bien lourd pour sa bourse. Maître Tixier lui dit :

« Ne t'en inquiète pas, grand Louis ; je te prêterai sept cents francs remboursables en sept ans, et comme j'aime à être payé exactement, je te les ferai gagner ; de cette façon, tu pourras conserver un peu d'avance.

— Mon Dieu, que vous êtes bon, notre maître! dit Jeanne ; quand je serai dans notre maison, je penserai toujours que c'est à vous que je dois mon bonheur. »

On commence la maison de Jeanne.

« Puisque vous voulez bâtir, mes enfants, dit maître Tixier en rentrant chez lui, commencez donc tout de suite ; pour qu'une maison soit saine, il faut qu'elle sèche au moins pendant un an. Grand Louis, ce n'est pas encore le temps des foins ; profite de ce qu'il n'y a pas grand'chose à faire ici pour te procurer des matériaux.

— Notre maître, je vais prendre le père Darnaud, qui a un bon cheval et qui me conduira tout ce qui est nécessaire. Il n'est pas juste que j'emploie pour moi le temps que vous me payez.

— Et moi, je te dis qu'il est juste d'aider un brave domestique qui m'a servi pendant quinze ans ; je n'entends pas que tu te serves d'autres bêtes que des miennes. »

Maître Tixier fit faucher le sainfoin qui était

dans le champ de Jeanne, et l'on mit les ouvriers à creuser les fondations. La bâtisse allait son train ; et quand Jeanne n'avait rien à faire, elle promenait la petite Nannette jusque là ; si les ouvriers ne comprenaient pas bien le plan de Mme Isaure, elle le leur expliquait.

Après la moisson, l'on posa la charpente ; mais l'on n'enduisit pas encore les murs, afin qu'ils eussent le temps de sécher entièrement jusqu'au printemps suivant. Quand la maison fut couverte, Jeanne dit qu'il fallait bêcher le jardin, afin de le planter à l'automne.

« Je veux beaucoup d'arbres fruitiers, dit-elle, et de toutes les espèces. Il y en aura au bord des allées qui couperont le jardin en quatre carrés, et puis dans celle qui en fera le tour ; et je veux des pêchers le long du mur au midi, et des treilles qui garniront notre galerie. »

Maître Tixier s'étonne que Jeanne veuille tant d'arbres dans son jardin.

« Que veux-tu donc faire de tous ces arbres, ma Jeanne ? lui dit son maître.

— Un jour ils rapporteront, notre maître ; et ce sera le profit de Nannette, qui vendra leurs fruits à la ville. Vous verrez comme elle sera fière de vous porter ses premières pêches !

— Et comment empêcheras-tu ton bétail de mettre le jardin en friche ?

— Mais la porte de l'étable donne sur le côté et au couchant ; on fermera la petite cour, et aucun animal, pas même les poules, ne viendra dans mon jardin. C'est votre gendre qui m'a donné cette idée-là, quand je lui ai dit combien je trouvais désagréable d'avoir le fumier devant ma porte pour empester ma maison. Est-ce que vous croyez, notre maître, que les gens du bourg en vaudraient pis, s'ils plantaient des vignes et des arbres le long de leurs murs, comme on fait dans cette Normandie où Durand est resté si longtemps? Le village est si sale qu'on ne sait vraiment par où passer; ce n'est pas sain pour les enfants, toute cette paille pourrie. Et la puanteur qu'elle donne! comment pourraient-ils s'accoutumer à la propreté au milieu de cette ordure? »

La famille Dumont vint voir la maison de Jeanne quand elle fut finie. On parla des plantations, et M. Dumont dit que ses pépinières étant bien garnies, il donnerait tous les arbres dont on aurait besoin.

« Et moi, dit Mme Isaure, je t'apporterai des fraises de tous les mois pour border tes allées.

— Si tu m'en crois, petite Jeanne, dit M. Dumont, tu engageras ton mari à peindre tous les bois qui sont exposés à l'air; ce sera un peu coûteux, parce que ta charpente dépasse les murs; mais au fond c'est une économie; la peinture préserve le bois des vers et de la pourriture. D'ailleurs, grand Louis achètera de l'ocre à la livre et de l'huile de rebut; il broiera lui-même la couleur et peindra ensuite, ce n'est pas bien difficile.

— Oui, monsieur; il n'est pas maladroit, et il en viendra bien à bout. »

Jeanne admire sa maison.

Vers la Saint-Jean de l'année suivante, l'on crépit les murs et l'on plafonna les chambres pour qu'elles fussent plus chaudes. Jeanne fit mettre une petite couche de plâtre à l'intérieur. Elle avait eu pendant l'hiver un garçon à qui son parrain, maître Tixier, avait donné le nom de Sylvain, et elle sentait qu'il était temps de quitter le Grand-Bail. Quoique Étienne Durand, qui gouvernait à peu près tout dans la maison, fût toujours bon pour elle et pour son mari, il aurait fini par s'ennuyer de leurs enfants. Elle se mettait souvent à la porte pour regarder sa maison. Louise lui disait :

« Hein ! comme tu voudrais y être déjà !

— C'est vrai, ma Louise. Je vous aime pourtant de toutes mes forces, et j'ai bien lieu de vous aimer ; mais, vois-tu, c'est plus fort que moi : quand je pense que nous serons dans une maison *à nous*, il me semble que mon cœur éclate au dedans de moi. C'est si bon de se sentir chez soi et de se dire qu'on est à l'abri pour le reste de ses jours !

— Et des meubles, petite Jeanne ! sais-tu que ton pauvre lit et l'armoire de la mère Nannette ne feront pas grande figure dans ces chambres si blanches ?

— C'est bien là mon souci ; je n'ose pas en parler à grand Louis : les hommes ne comprennent pas combien une ménagère est contente d'avoir un joli mobilier ; il a dépensé tant d'argent pour cette bâtisse, qu'il ne serait peut-être pas raisonnable de penser à autre chose. Pourtant, comme ton père lui en a avancé, nous avons bien encore de quoi acheter une armoire et un lit.

— Eh bien ! moi, je lui en parlerai à souper, sois tranquille. »

Louise plaisante grand Louis sur son vilain mobilier.

Le soir, Louise dit à grand Louis :
« Est-ce que tu comptes mettre dans ta belle chambre le vilain lit de Jeanne et son vieux coffre ? Ce sera joli ! Tout le monde se moquera de toi : ils diront qu'au dehors tu fais le *faraud* avec ta maison qui n'est pas faite comme les autres, et qu'au dedans tu n'as pas seulement de quoi te coucher.

— Tu as bien raison, ma Louise, et j'y pense depuis longtemps. Je sais bien que Jeanne a envie d'un mobilier neuf, quoiqu'elle n'en dise rien ; et moi je ne suis heureux que quand elle est contente. Il nous faudrait un lit, une armoire et des chaises cirées ; son vieux coffre servirait de huche à pétrir le pain.

— Et où donc veux-tu qu'elle mette le linge que vous quitterez toutes les semaines, quand elle l'aura passé par l'eau ? Il y aura trop de choses dans le grenier pour l'y placer, et tu ne veux pas, j'espère, le voir traîner dans la maison.

— Mais, Louise, crois-tu que cé serait bien d'acheter du mobilier, quand je dois tant d'argent à ton père ?

— Allons, dit maître Tixier, le voilà encore là-dessus ! Mais puisque je t'ai dit, têtu, que je te le ferai gagner! tu l'aurais là, dans le creux de ta main, que je n'en voudrais pas : c'est une récompense que je veux te donner, moi ! es-tu donc trop fier pour la prendre tout simplement? D'ailleurs, tu sais bien que je ne refuse pas d'obliger un ami dans l'embarras; seulement je veux être remboursé au jour dit, car j'aime l'exactitude avant tout.

— C'est bien ça qui me tracasse; car si je venais à mourir avant de vous avoir remboursé!

— Eh bien! je prendrais un de tes champs en payement; ainsi n'en parlons plus, ça m'ennuie. Ah! écoute donc ce que je vais te dire : Prévôt, de la Bordinerie, n'a pas voulu me croire quand je lui disais : « Fauche tes prés, tu laisses trop mû-« rir ton foin; tes seigles auront besoin d'être « coupés avant que tu aies fini ta fauchaison, et tu « te trouveras dans l'embarras ; tu ne sauras aux-« quels aller; et, si le temps se mettait à la pluie, « comment ferais-tu? — Bah ! père Tixier, me ré-« pondait-il, vous voyez toujours tout en noir; « parce que vous êtes plus vieux que moi, vous « voulez avoir raison sur tout.—C'est que, Prévôt, « j'ai fait plus d'une bêtise dans ma vie, et je sais « ce qu'il en coûte ! Tu ne veux pas m'écouter, eh « bien, tu verras ! » Ça n'a pas manqué; voilà le temps qui menace; il a été obligé de prendre le double de monde pour faucher et pour faner, et il est venu demander à Étienne la grande voiture à échelles et les juments; mais j'ai défendu de rien lui donner. Il a fait la sottise, il faut qu'il la boive.

— Notre maître, dit grand Louis, quand Prévôt

est venu vous dire, l'an passé, qu'il avait quelques bonnes bouteilles de vin blanc que sa défunte tante lui avait laissées, et qu'il fallait venir les boire avec lui, je me souviens que vous n'y avez pas manqué

— C'est vrai, et c'était du fameux vin, encore!

— Pourquoi donc ne l'aideriez-vous pas à boire sa sottise aujourd'hui, comme vous l'avez aidé à boire son vin l'an dernier?

— C'est juste, grand Louis; j'ai tort, et tu as raison. Il faut aider Prévôt, qui court grand risque de perdre ses foins. C'était mal, ce que je disais là. On a beau faire, ce chien d'orgueil revient toujours ! Tu prendras tes juments et ta voiture à ridelles, et tu travailleras pour lui tant qu'il n'aura pas serré son fourrage. »

Jeanne va commander ses meubles.

Le jeudi suivant, maître Tixier emmena Jeanne en ville pour acheter ses meubles.

« Mon père, dit Louise, emmenez-moi donc aussi : je voudrais choisir les étoffes de son lit avec elle.

— Et la petite Nannette?

— Je vais la faire bien belle et je l'emmènerai comme Jeanne emmène Sylvain. »

En chemin, le père Tixier dit à Jeanne :

« Ne va pas faire la sotte, au moins ! j'entends que tu commandes tout ce qu'il te faut; d'ailleurs, je serai là, et nous verrons bien ! »

Quand ils furent chez le menuisier, Jeanne

commanda une belle armoire en noyer, un lit, une table et une huche du même bois, et le menuisier dit qu'il lui donnerait une table commune par-dessus le marché.

« Et un moulin pour sasser ta farine ?

— Notre maître, ce n'est pas bien nécessaire pour l'instant ; vous me laisserez bien sasser chez vous ; ce sera un peu de peine pour grand Louis qui portera le sac, et voilà tout.

— Je ne veux point de ça ; tu vas te commander un joli moulin pareil aux autres meubles : je n'entends pas qu'il manque quelque chose à ton ménage. »

Ils choisirent six chaises en noyer, et le père Tixier acheta un petit fauteuil semblable, en disant que ce serait pour son filleul quand il pourrait s'en servir. On alla ensuite chez le marchand d'étoffes pour prendre les rideaux du lit.

« J'aurais bien désiré qu'ils fussent en ɩ ge verte, dit Jeanne à Louise, c'est plus cossu ; mais je n'ai pas assez d'argent. »

Elles choisirent donc une belle cotonnade rouge à raies ; Louise força Jeanne à prendre une jolie indienne à fleurs bleues sur un fond blanc pour faire l'intérieur du lit et la courte-pointe, et enfin une bonne couverture de laine. Puis elles achetè-rent aussi tous les menus ustensiles nécessaires dans un ménage.

« Vois donc, ma Louise ! j'avais apporté deux cents francs, et il ne m'en reste plus que dix. Que ça coûte donc de se mettre à son ménage !

— Que veux-tu, ma pauvre Jeanne ? on ne s'y

met qu'une fois dans la vie. Mais tu es si propre, si ménagère, que tout ton mobilier aura toujours l'air neuf. »

Jeanne chargea une habile ouvrière de faire ses rideaux ainsi que la garniture de son lit, et demanda qu'on les lui rendît le plus tôt possible.

« Pourquoi donc tant te presser, Jeanne ! tu as bien le temps de te mettre à ton ménage.

— Non, je n'ai que le temps bien juste ; avec mes deux enfants je ne fais plus rien chez vous, c'est à peine si je gagne le pain que je mange ; il faut que ça ait une fin et que j'aille dans ma maison entre la moisson et les vendanges, au temps où grand Louis n'est pas occupé. »

Jeanne déménage peu à peu.

Quand le mobilier fut rendu et mis en place, grand Louis dit à son maître :

« Votre maison est trop pleine, et cette autre là-bas s'ennuie d'être vide.

— C'est-à-dire que tu as grande envie d'y aller : c'est tout naturel, mes enfants, arrangez ça ensemble ; mais je te préviens que j'ai besoin de toi jusqu'après les vendanges.

— Est-ce que je ne serai pas toujours prêt pour vous servir, là-bas comme ici ?

— Petite Jeanne, je te préviens aussi que je veux planter la crémaillère le jour où tu feras bénir ta maison, et je ferai les frais du souper ; tu m'entends ! »

Jeanne emportait son linge et ses habits peu

à peu, et elle les rangeait au fur et à mesure; Louise l'aidait quand elle le pouvait, et bientôt il n'y eut plus que son lit à transporter, car grand Louis avait déjà conduit le coffre et l'armoire de la mère Nannette. Il fut convenu que le dimanche au matin on démonterait le lit, M. le curé devant bénir la maison le soir.

Le colporteur revient au Grand-Bail.

Le samedi, pendant le dîner, l'on vit venir une voiture attelée d'un petit cheval qui paraissait fort vigoureux; elle s'arrêta à la porte, et il en descendit un beau jeune homme qui sauta d'un bond dans la maison. Chacun le regarda avec étonnement; quand il vit que personne ne le reconnaissait, il ôta son chapeau, et maître Tixier s'écria :

« Tiens ! c'est le colporteur ! »

Et il n'était pas difficile de le reconnaître à la cicatrice qui lui traversait le front.

« Ma foi, mon garçon, j'ai bien cru que tu nous avais oubliés; nous parlions de toi quelquefois avec M. le curé, qui disait toujours que nous te reverrions tôt ou tard.

— Il avait raison, le saint homme ! Je n'oublie point ceux qui m'ont obligé : parlez-moi de lui et dites-moi s'il va toujours bien.

— Oui, Dieu merci, et j'espère qu'il vivra longtemps encore; mais, puisque tu nous trouves à table, mets-toi à ton ancienne place, sans cérémonie, tout comme autrefois.

— De grand cœur, maître Tixier; mais auparavant je vais dételer mon cheval qui a grand chaud.

— C'est juste ; il faut avoir soin des animaux qui nous rendent service ; mais ne te dérange pas ; on va mettre ton cheval à l'abri et lui donner ce qu'il lui faut. »

Le colporteur se mit à table, et on lui apprit que Jeanne était mariée à grand Louis, et qu'ils devaient se mettre à leur ménage le lendemain.

« Je ne vois pas votre fille aînée, ni cette écervelée de Marguerite, ni le bouvier Claude !

— Ma Solange est mariée et demeure dans une métairie tout près d'ici, qui appartient aussi à M. Dumont ; Claude a épousé Marguerite et s'en est allé dans le bourg. C'est un triste mariage qu'il a fait là ; quoiqu'il n'ait guère d'esprit, c'est un brave garçon et bien courageux.

— Et cette jeune fille-là, dit le marchand en désignant Louise, est-ce que c'est ce petit lutin qui sautait toute la journée autour de Jeanne ?

— Oui, mon ami ; mais si elle a grandi, sais-tu que toi aussi tu es grandi et changé ? c'est à peine si je t'ai reconnu. »

Après dîner, le marchand s'en alla chez M. le curé, et il n'en revint que pour souper. Avant de se mettre à table, il entra dans la grange où l'on avait rangé sa voiture, et il rapporta trois couvertures de coton, deux cravates noires et un très-beau foulard. Il offrit une couverture à chacune des filles mariées, l'autre à Jeanne et le foulard à Louise ; puis il prit les cravates noires et voulut en donner une à Étienne Durand et l'autre au maître.

« Mon garçon, dit celui-ci, je n'entends pas que

tu te ruines pour nous. Je veux bien t'acheter quelque chose, mais je n'accepterai rien, absolument rien.

— Maître Tixier, vous ne me causerez pas une humiliation pareille. Si on impose des obligations à ceux à qui l'on rend service, on en contracte aussi envers eux ; il ne faut pas refuser aux gens à qui l'on fait du bien le plaisir de se montrer reconnaissants.

— Tu as raison : je n'ai plus rien à dire ; donne, mon garçon, et grand merci. »

Et chacun prit ce que lui avait apporté le marchand.

Le colporteur vend à tout le village.

Le lendemain, après la messe, que le colporteur entendit bien dévotement, il étala sa boutique sur la place de l'église, et il annonça à haute voix qu'il vendrait ses marchandises au prix coûtant, en reconnaissance du service qu'on lui avait rendu autrefois dans le pays. Chacun s'approcha et acheta ce qui lui convenait. Il dîna chez M. le curé. Pendant que les femmes de la ferme s'occupaient à préparer le souper dans la maison de Jeanne et y transportaient tout ce qui était nécessaire, Louise mit, sans en rien dire, une petite provision de toute chose dans la huche de Jeanne avec deux grand pains de froment.

Après les vêpres, M. le curé vint bénir la maison et ensuite l'on se mit à table. Toute la famille du Grand-Bail était là, excepté la maîtresse, qui ne se levait plus. Solange était venue aussi avec son mari.

« Te voilà donc dans ta maison, ma Jeanne, dit maître Tixier; vas-tu être heureuse! mais nous nous apercevrons bien que tu n'es plus avec nous.

— Il fallait bien, dit M. le curé, que ces braves gens finissent par se mettre à leur ménage. J'ai béni la maison de bon cœur, car je suis bien sûr qu'il ne s'y fera jamais rien de mal et que les enfants y seront bien élevés.

— Elle s'y prendra de bonne heure, monsieur le curé; ne fait-elle pas déjà compter sa petite Nannette! y a-t-il du bon sens?

— Notre maître, est-ce que vous ne serez pas content quand, à la veillée, la petite vous lira de jolies histoires?

— Mais crois-tu, Jeanne, que, si elle apprend sitôt à lire, ça ne la dégoûtera pas de travailler?

— Soyez tranquille, notre maître! ce qui entre dans la tête ne gâte pas les doigts; et ceux qui l'ont pleine de toutes sortes de bonnes choses travaillent aussi bien que les autres, s'ils ont du courage; n'est-ce pas, monsieur le curé? »

M. le curé donne raison à Jeanne.

« Jeanne a raison, dit le curé : ne vaut-il pas mieux, le dimanche, passer son temps à faire une lecture, ou bien à enseigner à lire aux autres, que de se disputer ou de faire des commérages au dépens du prochain? J'ai toujours vu que les hommes qui savent quelque chose sont plus faciles à vivre que les autres ; et les femmes qui ont appris à lire, à écrire, et qui savent se servir de l'aiguille, sont plus assidues dans leur maison et la tiennent plus proprement.

— Voyez donc grand Louis, pourtant ! il ne sait pas seulement signer son nom.

— Aussi, notre maître, s'écria celui-ci, avant que d'avoir trouvé Jeanne, je ne valais pas grand'-chose ; je brutalisais tout le monde.

— Est-ce qu'elle aurait tant d'idée, Jeanne, dit Joséphine, est-ce qu'elle serait si bonne si les dames Dumont ne lui avaient appris tant de choses?

— Tu as bien raison, ma Joséphine. J'aurais fait comme tant d'autres qui ne pensent à rien du tout. Aussi, après le bon Dieu qui m'a donné une âme, et ma pauvre mère, qui m'a mise au monde, après la mère Nannette, qui m'a tirée de la misère, je dois tout à ces dames : car vous ne m'auriez pas tant protégée, maître Tixier, si elles n'avaient pas pris soin de moi. Aussi je serai reconnaissante envers elles jusqu'au dernier jour de ma vie.

Le colporteur parle de ses affaires.

« Monsieur le curé, dit Louise, vous aviez une bien belle nappe d'autel, ce matin, à la messe. Je parie que c'est ce jeune marchand qui vous l'a apportée !

— Oui, ma fille ; il a voulu faire ce cadeau à ma pauvre église ; c'est un brave cœur qui n'a oublié aucun de ceux qui l'ont obligé.

— Tu as donc fait de bonnes affaires, toi, dit

maître Tixier en s'adressant au colporteur; je vois
que tu as un cheval et une voiture, sans compter
ce qu'il y a dedans.

— Mais oui; mes petites affaires ne vont pas
trop mal.

— C'est la récompense de votre bonne conduite,
dit le curé.

— Pour vous dire toute la vérité, j'ai eu bien de
la peine à prendre des habitudes régulières. J'ai
souvent rencontré d'anciens camarades qui se moquaient de moi, et j'ai été plus d'une fois sur le
point de céder à leurs railleries et de les imiter.
Mais quand mes yeux rencontraient un miroir
et que je voyais ma cicatrice, je pensais à vous
tout de suite, monsieur le curé, et aussi à la maison du père Tixier, et je redevenais fort contre la
tentation. Il est si difficile de rompre avec les
mauvaises habitudes!

— Vous dites là une grande vérité, mon ami;
c'est pourquoi l'on ne saurait veiller de trop près
à s'en préserver.

— Enfin, j'ai contracté celle de la bonne conduite et du travail; je me suis donné bien du
mal; j'ai parcouru toute la France, marchant la
nuit et vendant le jour, faisant souvent beaucoup
de chemin en vue d'un petit bénéfice, et vivant de
peu. J'arrive de Paris, où j'ai retrouvé mon père,
que je n'avais pas vu depuis huit ans. Jugez si j'ai
été heureux d'être en état de le tirer de la carrière
où il travaillait, ce qui était un métier trop dur
pour son âge! J'ai pu lui acheter le fonds d'un de
ces petits commerces des rues, qui, à Paris, suf-

fisent à nourrir leur homme. Me voici le cœur content en pensant que mon pauvre père n'aura plus à souffrir, et je compte bien l'aller voir de temps en temps.

— Nous sommes tous bien heureux, dit grand Louis, de vous voir en si bon chemin. »

Maître Tixier vend de la plume à Jeanne.

Après le souper, maître Tixier visita les deux chambres de Jeanne, et lui dit :

« Je te vois bien deux châlits, ma fille, mais il y en a un vide, et ça me choque.

— Maître Tixier, j'ai acheté de la toile pour faire une paillasse ; je vais la coudre dès demain, et vous me donnerez bien de la paille fraîche pour la remplir ; quand mon mari battra votre avoine, il me vannera de la bâle sur laquelle il couchera au besoin.

— Et tu crois, toi, que je souffrirai que ton homme couche sur la bâle quand il sera bien harassé ? Il ne manque pas de plume à la maison ; tu en auras demain ce qu'il te faudra pour faire un lit ? tu me payeras en journées ; grand Louis n'a pas besoin de se mêler de cela.

— J'ai une belle pièce de coutil, dit le marchand, et je vous vendrai à bon marché ce qui vous sera nécessaire ; j'ai aussi remarqué qu'il manque des rideaux à votre fenêtre ; je me souviens d'avoir quelque part, dans mes ballots, un reste d'indienne à raies blanches et rouges, qui ira bien avec le lit. Je vous le donnerai en bon souvenir de notre souper d'aujourd'hui et du plaisir que j'ai à vous retrouver tous.

— Mais, monsieur le marchand, ma fenêtre se passera bien de rideaux ; c'est trop beau pour des gens comme nous.

— Jeanne, quand vous me pansiez le front, je n'ai pas refusé vos soins, et je n'ai pas craint de vous donner de la peine : pourquoi ne voudriez-vous pas accepter ce que je vous offre?

— Jeanne, il faut que personne ne sorte mécontent de chez vous aujourd'hui, fit observer le curé.

— Eh bien ! merci de votre générosité, dit Jeanne au marchand; et, pour tout dire, je ne serai pas fâchée d'avoir des rideaux. »

Le colporteur dit au père Tixier, comme ils rentraient au Grand Bail :

« En passant par la ville, j'ai vu un petit marchand tailleur qui m'a cédé son fonds; je suis convenu de lui prendre l'année prochaine; mais il me faudra une femme dans cette boutique.

— Eh bien ?

— Si vous vouliez me donner votre Louise, je serais bien content; elle connaît tout le pays, et, comme je ne vendrai guère qu'à la campagne, je crois que nous ferions une bonne maison ensemble.

— Lui en as-tu parlé?

— Non, maître Tixier, je voulais savoir ce que vous en diriez.

— Arrange-toi avec elle, je t'en donne la permission. »

Le colporteur resta deux jours chez maître Tixier, et, quand il partit, les accords étaient faits.

La famille Dumont vient voir Jeanne.

La famille Dumont vint, le mardi, voir Jeanne, qui leur avait dit la veille qu'elle était emménagée.

« Sais-tu que tu n'es pas du tout mal logée, petite Jeanne ? lui dit Mme Isaure ; et qu'as-tu donc dans ta basse-cour ?

— Rien encore, madame ; maître Tixier va me donner une chèvre, un coq et deux poules.

— Qu'il te donne plutôt deux canes et un canard, dit Mme Dumont ; je t'enverrai un coq et deux poulettes de ma belle race.

— Et moi, dit Auguste, qui était devenu un bel officier, je t'apporterai une paire de ces jolis pigeons que tu aimes tant

— Et moi, dit Mme Sophie, je te donnerai une jolie chatte à longs poils pour te tenir compagnie ; car, ma pauvre Jeanne, tu vas trouver la maison bien grande quand tu seras seule toute la journée.

— Oh ! je vais chercher de l'ouvrage tout de suite après avoir sevré Sylvain. Quand vous aurez besoin de quelqu'un, ne m'oubliez pas, s'il vous plaît.

— Et la petite Nannette, qu'en feras-tu quand tu iras travailler ?

— Je la mènerai au Grand-Bail, ainsi que son frère ; ils s'amuseront autour de la maison : Nannette gardera le petit, et Louise aura l'œil sur les deux.

— Comme il est frais, ton Sylvain ! Jeanne ; si j'ai un enfant, tu me le nourriras, dit Mme Isaure.

— Avec grand plaisir, ma chère dame ; ordon-
nez ici comme chez vous. »

Jeanne a de la peine à s'habituer à vivre seule.

Mme Sophie avait raison ; Jeanne n'était pas accoutumée à tant de tranquillité : il lui semblait
qu'elle n'eût point d'occupation. Quand son ménage était fait, qu'elle avait promené la chèvre et
qu'elle lui avait amassé de l'herbe, le reste de la
journée lui paraissait bien long.

Elle filait sur sa galerie pendant que Nannette
amusait son frère ; quand elle s'ennuyait trop, elle
prenait ses deux enfants et les emmenait au Grand-
Bail. Là, elle aidait à Louise, et bien souvent on
la retenait à souper avec son mari qui battait à la
grange ; d'autres fois, elle s'occupait de son jardin.
Nannette la suivait partout, et, comme sa mère lui
apprenait beaucoup de choses, cette petite fille
causait bien mieux que les autres enfants du bourg.

Quand les anciennes voisines de Jeanne pas-
saient sur le chemin pour aller au marché, elles
entraient souvent chez elle, et après avoir visité
sa maison, elles lui disaient :

« Elle doit te coûter bon ta maison, petite
Jeanne !

— Pourquoi donc ça ?

— C'est que tu as un beau jardin en avant ; on
ne voit ni fumier ni immondices devant ta porte.
Et avec quoi comptes-tu donc fumer tes champs ?

— Je peux bien avoir de quoi fumer mes champs
sans mettre mon fumier sous mes fenêtres, pour

empester ma maison et rendre mes enfants malades. N'ai-je pas ma cour, où est l'étable?

Jeanne et ses deux enfants.

— Mais si tu ne mets pas de la paille pourrir
devant ta porte, le peu de bétail que tu as ne
pourra suffire à fumer tes champs.

— Vous croyez donc que cette paille que vous mettez pourrir devant vos portes fait un bon engrais? Vous vous trompez fort : c'est bon pour vous donner la fièvre ainsi qu'à vos enfants, et voilà tout.

— Comment fais-tu donc, toi?

— Moi, je mets une couche de paille et une de terre sur mon fumier chaque fois que grand Louis nettoie l'étable; j'empêche comme ça qu'il ne sèche, et la paille et la terre qui le couvrent deviennent un excellent engrais. Faites de la litière jusqu'au ventre à vos bêtes, et tenez propre le devant de votre porte, vous verrez comme vous vous en trouverez bien!

— Qui est-ce qui t'a donc appris tout ça, Jeanne?

— C'est Étienne Durand, le gendre de maître Tixier du Grand-Bail.

— Il veut donc changer toutes les coutumes, celui-là?

— Il ne veut rien changer; il veut seulement faire mieux, et il s'y entend bien; grand Louis dit que c'est un excellent cultivateur. »

Jeanne a grande envie d'avoir une vache.

Jeanne désirait beaucoup avoir une vache, et en parlait souvent à son mari, qui lui disait :

« Ma pauvre femme, tu as deux enfants à soigner, bientôt trois; si Mme Isaure t'en donne un à nourrir, ça fera quatre; je te demande si tu pourras t'occuper de ta vache!

— Je prendrai pour m'aider cette pauvre mère

Henri qui demande son pain, et elle viendra pour peu de chose. Elle gardera mes bêtes aux champs, puis elle ira à l'herbe; je n'aurai que la peine de traire la vache et la chèvre, de soigner le laitage, et tu nettoieras l'étable le soir. Car, vois-tu, je veux avoir une vache bien propre; je la ferai etriller tous les jours, comme Étienne Durand fait au Grand Bail; j'ai remarqué, que, quand elles ont le poil bien brillant, elles donnent plus de lait et du meilleur. .

— Si tu veux te faire aider, c'est différent, parce que je n'entends pas que tu te tues à l'ouvrage, je t'en avertis. L'autre jour, le maréchal m'a proposé un cheptel; veux-tu que j'aille lui demander s'il est toujours dans la même intention?

— Oh ! oui, mon homme, va; ça vaudra mieux pour commencer, que d'acheter une vache nous-mêmes et de rester sans le sou. »

Grand Louis alla voir le maréchal et revint bien vite dire à sa femme qu'on lui achèterait une vache, et que le père Tixier la choisirait lui-même.

Jeanne fut bien contente d'avoir une vache; elle la menait paître souvent comme elle avait fait autrefois chez la mère Nannette; sa fille conduisait la chèvre, et le petit Sylvain les suivait.

L'année se passa bien, la récolte fut bonne, grand Louis serra ses gerbes dans un coin de la grange du Grand-Bail; il fit son vin en commun avec maître Tixier, chez lequel il travaillait toujours. . . . .

Il paya les premiers cent francs avec son temps, et il gagna assez en plus pour acquitter une bonne partie de la rente viagère du père Colis. Jeanne eut un autre garçon qu'on appela Paul, et qu'elle nourrit sans trop de fatigue.

Mme Isaure donne un enfant à nourrir à Jeanne.

Paul avait huit mois quand Mme Isaure vint voir Jeanne et lui dit :

« Je vais te donner bientôt un nourrisson, ma bonne Jeanne ; ton Paul n'aura guère que neuf mois quand tu prendras mon enfant. Je ne veux pas que tu les nourrisses tous les deux à la fois ; toute forte que tu es, tu serais bientôt épuisée ; si tu veux mettre ton garçon en nourrice, je payerai ses mois.

—Merci, madame, je le sèvrerai ; il est très-fort et mange déjà comme un petit homme. Je vous promets qu'il ne prendra pas le lait de votre enfant.

— Je le sais bien, Jeanne ; tu es trop honnête femme pour tromper personne, moi moins que toute autre. Prépare-toi donc à recevoir bientôt ton nouvel enfant ; nous passerons l'hiver ici pour ne pas le quitter. Mais, dis-moi, si tu prenais une petite fille pour t'aider ? Tu ne pourras pas suffire à tout.

— Madame, j'emploie déjà la mère Henri une partie de la journée ; je la garderai tout à fait. La pauvre femme est bien malheureuse et ne manque pas de courage ; mais elle ne peut travailler aux champs : je serai plus tranquille avec elle qu'avec une fillette de douze à treize ans.

— Alors je payerai la mère Henri en sus de tes mois.

— De mes mois, ma chère dame ! est-ce que

vous comptez me payer? Oh! vous ne me ferez
pas ce chagrin-là!

— Mais, petite Jeanne, n'est-il pas juste que tu
sois payée de la peine que tu vas prendre pour
mon enfant?

— Ma récompense, madame, ce sera de vous
rendre service et de m'acquitter, selon mon pouvoir, des grandes obligations que je vous ai. Que
serais-je donc sans vous? Ne me payez pas, je vous
en prie! laissez-moi vous prouver combien je vous
suis attachée, et que je n'oublie pas tout le bien
que vous m'avez fait. Si vous me payiez, je croirais
que vous ne faites aucune estime de moi, ajouta
Jeanne en pleurant.

— Ne te désole pas, ma bonne Jeanne; tu as
raison, je ne dois pas te payer. D'ailleurs, on ne
saurait reconnaître les soins d'une bonne nourrice
avec de l'argent; seulement, je tiens à payer la
mère Henri ; car enfin, si je ne te donne rien, je
ne puis souffrir que tu débourses quelque chose
pour moi. »

Quinze jours après, Mme Isaure confia sa petite
fille à Jeanne.

Les femmes du bourg s'étonnent de la propreté de Jeanne.

Les femmes du bourg venaient souvent demander quelque service à Jeanne, qui en savait plus
long qu'elles, et qui était toujours prête à obliger.
Quand elles la voyaient habiller ses enfants, elles
lui disaient :

« Comment donc, Jeanne, tu peignes tes petits et tu les laves comme s'ils étaient des enfants de bourgeois !

— Parce qu'ils sont des paysans, est-ce une raison pour qu'ils soient sales ? Voyez s'ils ont le moindre bouton ! Ce n'est pas une grande peine pour moi de laver leur petit corps tous les matins en les levant, et de leur brosser la tête; c'est bientôt fait, et je leur épargne par là bien des petites misères. Si vous en faisiez autant, vos enfants se porteraient mieux et ne crieraient pas tant

— Eh bien ! on essayera. Dis-nous donc aussi comment tu fais pour que leurs habits aient toujours l'air d'être neufs.

— Je les plie quand les enfants sont au lit, je les mets en presse sur mon coffre; et je serre leur bonnet pendant la nuit pour le garantir des mouches.

— Mais ils ne se salissent donc pas, tes petits ?

— Dame ! j'y fais attention. D'abord, je ne les laisse pas manger toute la journée, et quand ils mangent, je mets un linge devant eux pour que leurs habits se salissent moins. Je n'ai pas besoin de les laver si souvent, et cela m'épargne du temps et de l'argent. »

Mme Isaure venait voir tous les jours sa petite fille qui croissait à vue d'œil, et elle remerciait Jeanne de ses bons soins.

« Ma chère dame, si vous saviez combien je suis heureuse que vous ne puissiez pas penser que c'est par intérêt que je soigne votre enfant ! Je

l'aime comme les miens, je ne fais pas de diffé-
rence entre eux. »

Jeanne rend son nourrisson.

Jeanne nourrit la fille de Mme Isaure et la lui
rendit toute propre, marchant déjà et commençant
à parler. Toute la famille Dumont vint chercher
l'enfant, et Jeanne leur donna à déjeuner dans sa
jolie chambre; elle avait toujours quelques pots de
fleurs sur sa galerie, ce qui donnait à sa maison un
air de fête. Pendant qu'on était à table, le domestique de M. Dumont amena dans l'étable de Jeanne
une très-belle vache avec son veau ; on habilla tout
de neuf les trois enfants, qui en furent bien joyeux,
et tout le monde partit.

Jeanne, qui était toute triste du départ de son
nourrisson, descendit pour traire sa vache, et fut
grandement étonnée d'en trouver deux à l'étable ;
elle n'eut pas d'abord la force de parler ; puis elle
cria à son mari :

« Grand Louis, viens vite, mon homme, viens
vite ! »

Lui, qui travaillait dans son jardin, accourut
promptement, croyant qu'il était arrivé quelque
malheur. Quand il vit Jeanne à la porte de l'étable,
le visage tout en larmes et riant en même temps,
il lui dit :

« Est-ce que tu deviens folle, ma pauvre femme?»

Jeanne lui montra la crèche sans répondre, et
grand Louis, en voyant la vache, comprit tout.

« Sont-ils bons ! sont-ils donc bons ! dit Jeanne

quand elle put parler : c'était justement ce que je désirais le plus au monde, que d'avoir une vache à moi.

— Jeanne, tu ne peux ni nourrir ni soigner deux vaches. Je vais de ce pas chez le maréchal, pour lui dire de placer la sienne ailleurs. »

Il alla tout de suite au bourg, où il conta le bonheur qui lui était arrivé.

« Grand Louis, dit le maréchal, je ne mettrai pas ma vache en d'autres mains; elle dépérirait partout au sortir de celles de Jeanne. Nous la vendrons à la foire prochaine : elle m'a coûté deux cents francs, et nous aurions bien du malheur si nous n'en trouvions pas une quarantaine de francs de plus ; ça nous fera un joli petit bénéfice à chacun. »

Nannette a mal aux yeux.

Quelque temps après, Nannette eut grand mal aux yeux. Jeanne alla chercher M. le curé, qui vit l'enfant et trouva le mal si grave qu'il conseilla d'aller consulter le meilleur médecin de la ville. Maître Tixier, en allant voir Louise, qui était mariée au marchand et qui faisait bien ses affaires, conduisit dans sa carriole grand Louis, sa femme et leur fille. Le médecin visita soigneusement les yeux de Nannette; il fit une ordonnance, et dit:

« Si vous faites exactement ce que j'ordonne, je réponds de la guérison de votre enfant; autrement elle pourrait bien devenir aveugle. Mais vous autres, gens de la campagne, aussitôt que vos malades vont un peu mieux, vous cessez les remèdes.

— C'est bien vrai, monsieur, dit Jeanne, c'est une mauvaise coutume; mais que voulez-vous? on est si pauvre et on a si grand besoin de son temps qu'on est négligent de sa santé.

— C'est un fort mauvais calcul; car il faut toujours finir par interrompre son travail et dépenser l'argent que vous avez voulu économiser, et même plus; et l'on a souffert longtemps. Trop heureux encore si le mal n'est pas devenu incurable! Vous êtes, en vérité, plus soigneux de la santé de vos bestiaux que de la vôtre propre.

— Monsieur, dit grand Louis, quand on perd une pièce de bétail, c'est la ruine d'une petite maison.

— Et si le chef de la famille meurt, n'est-elle pas ruinée aussi?

— Oui, et c'est un grand malheur; mais soyez tranquille, monsieur : Jeanne n'est pas une femme comme une autre; ce que vous lui direz, elle le fera comme si c'était M. le curé qui l'eût recommandé. »

Jeanne ramena sa fille et lui mit un bandeau sur les yeux, parce que le médecin avait recommandé par-dessus tout qu'elle ne vît pas le jour.

Paul montre un mauvais caractère.

Nannette s'ennuyait un peu de ne pouvoir rien faire; sa mère lui donna du gros chanvre à filer; elle entreprit de lui apprendre le catéchisme, ce qui ne fut pas long; car Nannette avait bonne mémoire. Elle gardait le petit Paul pendant que sa mère allait travailler hors de la maison et que Sylvain était à l'école. Il fallait toute la patience de cette bonne petite pour supporter les caprices de Paul, qui avait un mauvais caractère et ne voulait jamais faire ce qui plaisait aux autres. Jeanne en avait un grand chagrin ; mais elle espérait qu'il deviendrait meilleur en grandissant. Elle ne se lassait jamais de ses caprices, et employait la plus grande douceur avec lui : mais l'enfant y était insensible ; il ne lui témoignait pas la moindre affection, et ne venait à elle que s'il avait besoin de quelque chose, bien sûr de ne pas être refusé. Il ne craignait que son père, qui s'irritait de le voir tourmenter sans cesse Jeanne, et, quand elle pleurait en voyant Paul si différent de ses aînés qui étaient d'excellents enfants, grand Louis avait envie de le battre pour le corriger ; mais sa femme le retenait toujours en lui disant que les coups n'avaient jamais rien produit de bon. Pourtant Paul, tout petit qu'il était, avait quelquefois des réponses si insolentes que grand Louis, qui au fond n'était pas endurant, lui donnait quelques bonnes tapes. Jeanne, qui craignait que ce petit cœur ne s'endurcît encore, et qui pensait qu'une grande tendresse pourrait seule le réchauffer, prit le parti de cacher à grand Louis toutes les fautes que faisait son enfant.

La petite Nannette comprend le chagrin de sa mère
et le partage.

Nannette, qui avait bien compris le chagrin de sa mère, essayait quelquefois de la consoler.

« Ma pauvre fille, il n'y a pas de consolation pour une peine comme celle-là. Si ton frère ne vaut rien quand il sera grand, ce sera le chagrin de toute ma vie. Mon enfant, il faut cacher avec soin sa mauvaise humeur et sa dureté. Vois-tu, il n'y a pas de plus grande richesse que la bonne réputation, et elle commence en même temps que nous. Si le monde savait combien Paul est mauvais, l'enfant aurait beau se corriger par la suite, on n'en dirait pas moins qu'il ne vaut pas grand'chose : n'en parle donc à personne, pas même à nos meilleurs amis ni à M. le curé.

— Oui, ma mère, soyez tranquille; d'ailleurs, puisque Dieu nous l'a donné comme ça, il faut l'aimer pour tout le monde; car, au fond, il est bien malheureux. »

A force de douceur et de patience, Nannette vint à bout d'apprendre à Paul sa prière; elle le faisait compter aussi deux fois par jour, et, tantôt bon gré, tantôt mal gré, il apprit tout ce qu'un petit enfant de son âge pouvait apprendre; comme il avait assez d'intelligence et qu'il n'était mauvais qu'à la maison, on l'aimait bien ailleurs. Il s'attacha à sa sœur plus qu'on ne l'eût cru capable de le faire.

Nannette avait un caractère si heureux que tout

le monde l'aimait comme on avait aimé sa mère
à son âge. Elle guérit enfin, parce qu'elle fut bien
docile et ne manqua jamais de faire ce que le médecin et M. le curé, qui venait la voir tous les
jours, lui avaient ordonné.

Une grêle terrible ravage tout le pays.

Tout allait au mieux dans le ménage de Jeanne;
elle avait fait faire une pièce de toile avec le chanvre qu'elle filait depuis quatre ans. Elle comptait
en faire quatre paires de draps et des chemises
pour grand Louis, dont les vieilles avaient servi
pour les enfants. Son mari avait déjà remboursé
six cents francs au père Tixier et elle lui avait payé
sa plume. Nannette allait avoir douze ans; elle
avait fait sa première communion. Sylvain était
enfant de chœur, et il restait chez M. le curé pendant
tout le temps qu'il ne passait pas à l'école. Il semblait que rien ne dût troubler le bonheur de Jeanne,
quand, au commencement de la moisson, il vint un
orage terrible. La grêle tombait grosse comme des
noix, et il ne resta pas un épis debout dans les
champs. Ils avaient été si bien hachés et entrés en
terre, qu'on n'y voyait même pas un brin de
paille : c'était une désolation générale. Maître
Tixier éprouva de grandes pertes ; pourtant il
ne fut pas grêlé partout. Mais chez le pauvre
grand Louis, ce fut bien pis : il ne resta
rien de sa récolte; en voyant ses champs,
l'on n'aurait jamais dit qu'il y avait eu là
une belle moisson quelques instants auparavant.

Les arbres du jardin eurent presque toutes leurs branches cassées ; le chanvre était couché par terre. Le cœur de Jeanne saignait en voyant tomber cette grêle qui la ruinait pour plus d'une année. Son mari revint du Grand-Bail tout consterné.

« Quel malheur, mon pauvre homme ! mais c'est Dieu qui l'envoie, il n'y a pas à murmurer. Il ne faut pas perdre courage ; que de gens vont être plus à plaindre que nous !

— Ma Jeanne, ce n'est pas la peur de pâtir qui me rend si triste ; mais je pense aux enfants, à maître Tixier et à la pension du père Colis. Comment faire pour vivre et payer tout ça ?

— Console-toi, grand Louis. Je n'ai pas encore coupé ma toile, heureusement ; tu vas emprunter l'âne au maréchal, et j'irai demain, avant le jour, en ville, où le mari de Louise me la prendra et me la payera comptant. Il n'est pas nécessaire qu'on me voie ni qu'on sache que je l'ai vendue.

— Combien comptes-tu en retirer ?

— J'en ai soixante et dix mètres, et elle vaut au moins deux francs.

— C'est cent quarante francs qu'on t'en donnera ; mais nous payons deux cents francs au père Colis, et, si je laisse mes journées à maître Tixier jusqu'à ce qu'il soit rentré dans les cent francs que nous lui devons encore, comment ferons-nous pour vivre ?

— C'est juste, grand Louis ; eh bien ! il faut aller trouver le père Colis, et lui demander crédit pour cette année.

— On voit bien que tu ne le connais guère, ma

Jeanne. Il va me faire faire un billet et me demander un gros intérêt.

— Il n'y a pas moyen de s'en tirer autrement, pourtant; j'aurais bien du chagrin qu'on sût notre détresse; c'est un grand sacrifice, mais que veux-tu? »

Le père Colis fait faire un billet à Jeanne.

Le lendemain, Jeanne était revenue de la ville à huit heures, et elle en rapportait cent cinquante francs qui devaient servir à les nourrir pendant l'hiver; le soir, quand tous les enfants furent couchés, elle sortit avec son mari, et ils entrèrent chez le père Colis.

« Mon petit père Colis, dit Jeanne, nous venons vous demander une grande grâce.

— Qu'est-ce que c'est, petite Jeanne?... On dit que vous êtes bien saccagés par la grêle.

— C'est à cause de cela que nous venons vous demander crédit pour cette année, mon père Colis.

— Nous ne serons pas capables de vous payer, dit grand Louis.

— Si vous ne me payez pas, avec quoi veux-tu donc que je vive?

— Père Colis, vous ne serez pas pour cela dans l'embarras; on sait bien que vous avez de l'argent.

— Tu as tort de t'en fier aux mauvaises langues; je n'ai pas le sou au contraire, et j'ai grand'-peine à vivre.

— Mon petit père Colis, dit Jeanne, vous ne voudrez pas nous faire vendre le peu que nous avons?

— Si le père Colis ne veut pas nous faire crédit, je sais bien où trouver de l'argent pour le payer; il y en a plus d'un qui en prête dans le village.

— Allons, grand Louis, il ne faut pas te fâcher; j'aime mieux pâtir que de vous faire de la peine: faites-moi un billet de deux cents francs pour l'an prochain, et tout sera dit.

— Je serais aussi embarrassé de vous payer alors que je le suis aujourd'hui, car j'en aurai pour longtemps à me remettre d'un coup pareil. Si vous le voulez, nous allons vous faire deux billets, chacun de cent francs, payables l'un l'année prochaine, l'autre un an après.

— Ho! ho! ça ne m'arrange guère.

— Eh bien, adieu; nous allons chercher ailleurs.

— Attends donc un instant, grand Louis; tu t'emportes comme une soupe au lait. Comme vous êtes des gens exacts à payer, je vais m'arranger des deux billets. »

Jeanne les écrivit, bien étonnée qu'il ne fût pas question d'intérêts; elle trouvait le monde bien méchant de mépriser ce brave homme et de le faire passer pour un usurier. Quand les billets furent faits, elle les fit signer à grand Louis, à qui elle avait appris à écrire son nom.

« Il me faut aussi ta signature, ma Jeanne; car j'aime à prendre mes sûretés.

— C'est trop juste, » dit Jeanne; et elle signa.

Ils remercièrent le père Colis de sa complaisance, et déjà grand Louis ouvrait la porte pour sortir, quand le père Colis dit:

« Un instant, un instant! et mes intérêts, vous

n'y songez donc pas? Je ne les fais jamais mettre sur le billet; on me paye comptant et d'avance.

— Combien faut-il donc?

— Cinquante francs, mes enfants.

— Cinquante francs! dit grand Louis, qui commençait à se mettre en colère; voulez-vous rire?

— Non, mon garçon, c'est à prendre ou à laisser.

— Parbleu, je trouverai de l'argent à meilleur marché ailleurs.

— Père Colis, dit Jeanne, vous êtes un brave homme, et vous ne voulez pas notre ruine; je vas vous chercher trente francs, et tout sera dit.

— Va donc, Jeanne; tu fais de moi tout ce que tu veux. »

En sortant, grand Louis reprocha à sa femme de l'avoir empêché d'aller emprunter à d'autres ce qu'il fallait pour payer la rente du père Colis.

« Mon homme, je conviens que cet argent est bien cher; mais je ne me soucie pas qu'on connaisse notre embarras, et je suis sûre que le père Colis ne dira pas que nous lui avons fait des billets; il a trop peur qu'on ne sache qu'il a de l'argent. Nous vivrons cet hiver comme nous le pourrons avec les cent vingt francs qui nous restent.

— Ça n'empêche pas que le père Colis est un malhonnête homme.

— Grand Louis, il nous oblige à sa manière, il ne faut pas en dire de mal; d'ailleurs on ne l'estime que ce qu'il vaut; ce n'est pas à nous à le décrier. »

Jeanne apporta les trente francs au père Colis ; mais le lendemain il vint tout tremblant lui en rendre quinze : il avait entendu dire que la justice ne plaisante pas avec les usuriers, et il se contenta de l'intérêt légal.

Grand Louis laisse l'argent de sa moisson au père Tixier.

Après la moisson, le père Tixier, qui avait employé grand Louis tout le temps, voulut le payer comme les autres.

« Maître Tixier, il faut garder cet argent-là ; je vous compléterai les cent francs à l'époque du battage.

— Est-ce que tu comptes me payer dans une année comme celle-ci, où tu n'as pas serré dix gerbes de blé pour ton hiver ?

— J'aime l'exactitude comme vous, et je ne dormirais pas bien si je ne vous avais pas payé ; et puis j'avais quelque avance.

— En es-tu bien sûr ? Tu as acheté un bout de terre l'an passé, et je ne crois pas qu'il te soit resté grand argent.

— Ne vous en inquiétez pas ; je ne vous remercie pas moins de votre complaisance.

— Grand Louis, prends garde ! si tu me trompes, je ne te le pardonnerai pas. »

L'hiver fut dur pour Jeanne ; elle n'ôta que le gros son de sa farine et elle fit du pain bien grossier ; souvent elle n'acheta que de l'orge. Elle vendit une petite génisse d'un an, qu'elle comptait

garder, et cet argent servit pour acheter de la se-
mence. On but de l'eau dans la maison, car on
n'avait même pas fait de vendange ; enfin, il y eut
des jours où le pain manqua ; et, comme Jeanne
ne voulait pas s'endetter, on mangeait alors des
pommes de terre cuites à l'eau. Paul, ne compre-
nant pas la gêne de sa mère, la tourmentait sans
pitié ; Nannette se privait de son pain pour lui.
Sylvain mangeait chez le curé, qui avait bien de-
viné la détresse de Jeanne, mais qui, voyant le
soin qu'elle mettait à la cacher, ne lui en avait
jamais parlé par discrétion : cette détresse était si
bien dissimulée qu'aucune autre personne ne s'en
douta, pas même le père Tixier, qui était pourtant bien fin.

Jeanne, n'ayant pas récolté de chanvre, n'avait
rien à faire. Elle prit de l'ouvrage en ville chez le
mari de Louise, qui avait acheté sa toile. Il ne la
payait qu'en marchandise, comme c'est la coutume ; mais enfin elle gagna dans son hiver de
quoi vêtir son mari et ses enfants.

Maître Tixier découvre la gêne de Jeanne.

Un jour du printemps, maître Tixier entra chez
Jeanne, avec M. le curé, à l'instant où elle coupait
sa soupe.

« Quel pain coupes-tu donc là, Jeanne ? il y a
moitié son dedans. »

Jeanne rougit et ne répondit pas.

« Ah ! c'est comme ça que grand Louis m'a
trompé ! Monsieur le curé, jugez-en ! J'ai voulu lui

payer ses journées; et lui, par orgueil, m'a dit qu'il avait de l'*avance*, et que je pouvais bien garder son gain pour me rembourser. Est-ce bien, voyons ?

— Maître Tixier, dit Jeanne, il n'y a pas d'orgueil là dedans. Vous avez été si bon pour nous, que c'était notre devoir de nous gêner pour vous rendre votre argent; vous aviez bien vos peines, vous aussi !

— Tu as beau dire, Jeanne, je ne te passe pas cette menterie-là. Voilà donc pourquoi je vous trouvais si mauvaise mine à tous ! Paul, dis-moi ce que tu as mangé cet hiver?

— Du pain d'orge bien souvent, et bien souvent rien du tout; on mangeait des pommes de terre cuites à l'eau, absolument comme vos porcs.

— Voyez-vous, monsieur le curé! Je vous dis que c'est de l'orgueil, moi!

— Quoique j'admire votre courage, Jeanne, je m'étonne que vous n'ayez pas voulu être assistée par votre ancien maître, ou par Mme Dumont, dit le curé.

— Monsieur, ils avaient bien assez de pauvres à nourrir, et qui étaient plus malheureux que nous; nous devions encore cent francs à notre maître, qui nous a aidés de si bon cœur à bâtir notre maison. On ne sait ni qui vit ni qui meurt; si grand Louis venait à manquer, comment ferais-je pour payer? Quand il y a des mineurs, on ne peut vendre qu'en justice, et notre petit bien serait mangé en frais. Enfin, le mauvais temps est passé, les journées de mon mari vont nous suffire à présent. L'herbe pousse, et ma vache, qui ne m'a presque rien rapporté cet hiver, faute de fourrage, va donner un peu de beurre que je vendrai chaque semaine.

— C'est égal, Jeanne, je ne suis pas content, et, si ton mari s'avise de vouloir me payer le labourage de ses champs, je ne le regarderai de ma vie.

— Et comme il y a un peu d'orgueil au fond de tout cela, dit M. le curé, je vais en rendre compte aux dames Dumont. »

Mme Isaure fait des reproches à Jeanne.

Une demi-heure après, Mme Isaure entra.

« Comment, Jeanne, tu as souffert tout l'hiver, et tu ne m'en as rien dit! et, quand je te demandais pourquoi tu étais si maigre, tu me répondais que c'était le froid qui te faisait mal! Toi, mon amie, la nourrice de ma fille, tu as manqué de pain, et je n'en ai rien su!

— Ma chère dame, vous aviez bien assez de tous vos autres pauvres; il n'y a pas eu grand mal, comme vous voyez, car nous sommes tous bien portants.

— Que tu aies eu le courage de souffrir, ainsi que ton mari, je le conçois; mais je ne t'aurais pas crue capable de voir souffrir tes enfants.

— Madame, ne valait-il pas mieux qu'ils pâtissent un peu que de leur donner l'habitude de *demander* et de compter toujours sur les autres? S'ils ont été mal nourris, ils n'ont pas souffert de la faim, je vous l'assure; ils n'ont pas trop mauvaise mine, et, si grand Louis et moi sommes maigris, c'est plutôt par l'inquiétude que par le manque de nourriture.

— Jeanne, je t'en veux beaucoup de m'avoir caché ta position, surtout quand je t'en ai parlé la première. Je t'en prie, dis-moi sincèrement si tu as besoin de quelque chose.

— Eh bien ! ma chère dame, puisque vous êtes assez bonne pour vous occuper de ce qui nous manque, je vous dirai que nous avons vendu notre dernière pièce de vin pour payer l'impôt. Je me désole en pensant que grand Louis va boire de l'eau pendant les chaleurs. Si vous pouviez nous donner de la piquette, vous nous rendriez grand service.

— Je ne veux pas que ton mari boive de la piquette ; cet homme a grand besoin de se restaurer et de reprendre des forces pour les travaux de la saison ; ce soir je t'enverrai une pièce de vin, tu peux y compter. »

Grand Louis fait une terrible chute.

Il y eut trois années de fertilité ; grand Louis avait retiré ses deux billets des mains du père Colis, qui était mort peu de temps après. Jeanne, n'ayant plus rien à payer, vit l'aisance revenir chez elle et put faire des économies. Nannette avait quatorze ans ; elle savait parfaitement lire, écrire et compter, et tenait la maison aussi bien que sa mère, qui pouvait alors travailler pour les autres tous les jours. Sylvain ne quittait plus M. le curé ; Paul allait à l'école et apprenait bien ce qu'on lui enseignait; mais son caractère ne s'améliorait pas. Il faisait la désolation de sa famille, pour laquelle il ne semblait pas avoir la moindre affection.

Un jour que Jeanne fanait du sainfoin pour le père Tixier, elle entendit un grand bruit du côté de la ferme; chacun courait et criait. Se doutant bien qu'il était arrivé quelque malheur, elle courut ainsi que les autres femmes. En arrivant auprès de la maison, elle vit tout le monde rassemblé, et elle s'avança pour voir aussi. On était si occupé que personne ne fit attention à elle. Tout à coup elle poussa un grand cri : c'est qu'elle venait de voir son mari étendu par terre, sans connaissance et la tête toute fracassée. Elle se jeta sur lui sans pouvoir dire un mot. On était allé avertir M. le curé, qui vit tout de suite qu'il n'y avait pas de remède; il dit pourtant qu'on allât promptement chercher un médecin. On raconta comment le malheur était arrivé : grand Louis était monté sur l'échafaud de la grange pour ranger ce qui restait de l'ancien fourrage et faire de la place au sainfoin nouveau; une planche ayant basculé, il était tombé sur la roue d'une charrette qu'on avait remisée là, et il s'était crevé la tête.

On posa le pauvre blessé sur une civière où l'on avait étendu un lit de plumes, et on le porta chez lui. Sa femme le suivait suffoquée par les larmes. M. le curé lava la plaie et la banda en attendant le médecin. On fit respirer du vinaigre à grand Louis, il ouvrit les yeux et rencontra ceux de Jeanne qui le regardait en pleurant.

« Ma pauvre femme, lui dit-il, c'est fini, je le sens bien. J'ai le corps brisé. Il ne faut pas trop te désoler; dans ton malheur, le bon Dieu a eu pitié de toi en me faisant mourir tout d'un coup au lieu de me tenir au lit pendant longtemps ; tu aurais tout dépensé pour me soigner et tu serais restée dans la gêne. »

Jeanne l'embrassa sans pouvoir lui répondre.

Mort de grand Louis.

Le médedin arriva, et, après avoir déshabillé le malade, il déclara qu'il avait quelque chose de rompu entièrement et qu'il ne pourrait en revenir; il pansa pourtant sa plaie qui était affreuse, et dit en partant à M. le curé que grand Louis ne passerait pas la nuit.

Le digne prêtre ne voulut pas quitter Jeanne, à qui il ne cacha pas ce qu'avait dit le médecin ; ils restèrent auprès du malade, qui était toujours assoupi. M. le curé récita tout haut les prières des agonisants, et Jeanne alluma un cierge à côté du lit. Vers deux heures du matin, grand Louis ouvrit les yeux et appela sa femme :

« Amène-moi les enfants, que je les embrasse pour la dernière fois ! »

Ensuite il pria M. le curé d'entendre sa confession. Pendant ce temps-là, Jeanne était à genoux au pied du lit, étouffant ses cris dans les couvertures. Après avoir fini, grand Louis dit :

« Monsieur le curé, je vous recommande ma femme et mes enfants ; il y en a un qui lui donnera bien du mal; soutenez-la, je vous en prie, pour l'amour de Dieu.

— Soyez tranquille, mon ami. Je suis fort attaché à Jeanne, qui a été élevée sous mes yeux; elle est honnête et courageuse, et elle saura bien se soutenir. »

Grand Louis voulut répondre, mais il eut une convulsion et mourut.

Jeanne se jeta sur lui et poussa des cris déchirants, auxquels se joignirent ceux des enfants; ce fut une scène de désolation. Jeanne fut prise d'une violente convulsion; quand elle fut revenue à elle, le curé lui dit :

« Jeanne, ce grand chagrin-là n'est pas d'une chrétienne; c'est une révolte contre la volonté de Dieu.

— Monsieur le curé, vous ne savez pas tout mon malheur! Je vais avoir un autre enfant, un pauvre petit qui ne verra jamais son père! »

Et elle recommença ses cris.

« C'est une raison de plus pour vous calmer, Jeanne. Vous êtes plus occupée de vous dans cette grande désolation que vous ne le croyez. Votre mari reçoit en ce moment la récompense de sa vie honnête, et il n'est plus à plaindre; le malheur tout entier est pour vous et pour vos enfants, qui vont souffrir si vous ne vous occupez que de votre chagrin. Dieu ne veut pas que l'on néglige les vivants pour les morts : c'est là un grand péché, et je ne pense pas que vous veuilliez offenser Dieu. »

On enterre grand Louis.

Jeanne fut frappée de ce que lui avait dit M. le curé; elle se calma et fit de grands efforts pour retenir ses cris. Elle fit mettre ses enfants à genoux devant le lit de leur père pour prier Dieu. Paul finit par se rendormir, et elle le reporta sur son lit. M. le curé fit une lecture pieuse, et il s'en alla au jour. En passant devant le Grand-Bail, il annonça la mort de grand Louis au père Tixier, et lui dit qu'il fallait s'occuper de l'enterrement, parce que Jeanne était incapable de prendre ce soin.

Maître Tixier eut un grand chagrin de la mort de grand Louis, surtout en pensant qu'il s'était tué en travaillant pour lui. Le pauvre homme était vieux et infirme, et depuis la mort de sa femme, qu'il avait perdue au commencement de l'année, il baissait tous les jours. Il alla pourtant voir Jeanne.

« Ma chère fille, dit-il en entrant, voilà un grand malheur! Qui m'eût dit, à moi qui suis si vieux, que j'enterrerais mon pauvre grand Louis? Mais tu n'as pas tout perdu, ma Jeanne, puisque je suis encore là. Je ne te ruinerai pas pour la façon de tes terres, soit tranquille!

— Je sais bien que vous serez toujours bon, maître Tixier; mais qui me rendra mon pauvre homme que j'aimais tant? Nous ne nous sommes jamais disputés, nous étions toujours de bon accord; c'était un vrai petit paradis que notre ménage.

— Ma fille, comme c'est la volonté de Dieu que vous soyez séparés, il faut bien s'y soumettre. »

Jeanne, aidée de Marguerite, ensevelit son mari avec beaucoup de courage. Le père Tixier avait tâché de l'emmener chez lui; elle avait répondu que son devoir était de rester auprès du corps tant qu'il ne serait pas en terre, et que son chagrin ne devait compter pour rien. Mais, quand elle vit emporter la bière, elle eut encore une terrible convulsion, qui la laissa comme morte. Le chant des prêtres la fit revenir à elle, et rien ne put l'empêcher de suivre l'enterrement jusqu'au cimetière. Elle prit ses deux garçons par la main, et Louise conduisait Nannette. Tout le village les suivait, car grand Louis jouissait d'une grande estime dans tout le pays.

QUATRIÈME PARTIE.

JEANNE VEUVE.

On fait l'inventaire.

Quelques jours après, maître Tixier vint voir Jeanne et lui dit :

« Ma fille, comme tu as des mineurs, il faut faire ton inventaire. Je t'y engage, dans ton intérêt et dans celui de tes enfants, pour t'épargner toute espèce de désagréments par la suite.

— Mais ça va me coûter bien cher !

— C'est égal, il faut le faire; quand on suit la loi, on est sûr qu'il n'arrive rien de fâcheux.

— Voyez donc, père Tixier ! si nous ne vous avions pas payé l'année de la grêle, je serais grandement embarrassée à cette heure.

— Crois-tu donc que je t'aurais tourmentée?

— Non, mais c'est moi qui me serais tourmentée, me voyant dans l'impossibilité de m'acquitter. Je n'aurais pas eu un seul moment de repos en me sentant des dettes. »

M. le curé fait une remontrance à Jeanne.

« Jeanne, dit un jour M. le curé, je vous trouve bien mauvaise mine ; seriez-vous malade ?

— Pas précisément, monsieur le curé ; mais depuis que j'ai vu mon cher défunt baigné dans son sang, je ne puis plus dormir tranquille ; toutes les nuits je le vois là, étendu devant moi, et je me réveille en criant ; puis je m'agite dans mon lit pendant plus d'une heure sans pouvoir m'en retenir.

— Ce n'est pas votre corps qui est malade, Jeanne, c'est votre esprit, qui ne peut se soumettre à la volonté de Dieu. Vous oubliez les souffrances que son Fils a endurées pour nous. Si vous y regardiez de bien près, vous verriez que vous êtes encore mieux partagée que les trois quarts des gens que vous connaissez. Cherchez autour de vous, et dites-moi qui a reçu plus de grâce du ciel. De pauvre orpheline sans parents et sans pain que vous étiez, vous voilà mère de famille, logée dans la maison que vous avez fait bâtir, ayant de quoi vivre en travaillant ; et vous avez eu le grand avantage de ne rencontrer sur votre chemin que d'honnêtes gens qui vous ont tous protégée.

— Vous avez raison, monsieur le curé ; quand vous avez passé quelques moments auprès de moi, je suis toujours plus forte pour supporter mon malheur ; mais quand je suis seule avec les enfants, il me revient tout de suite dans l'esprit, et je ne peux pas sécher mes larmes.

« — Je vais aller à l'église demander à Dieu qu'il vous donne des forces ; il faut, de votre côté, le prier aussitôt que vous sentez votre chagrin prendre le dessus. Priez, soit chez vous, soit en travaillant chez les autres ; la prière est bonne partout, et, quand on appelle Dieu à son aide, il ne se fait pas attendre. »

Jeanne eut un petit garçon, dont Mme Isaure voulut être la marraine, et qu'on appela Louis comme son père. Au bout d'un mois, elle le porta voir à maître Tixier, qui le trouva plus beau et plus fort que les autres.

« Cela doit te consoler un peu, ma Jeanne.

— Ah ! père Tixier, il ne faut pas se presser de se réjouir ; il ne marche pas encore et il peut lui arriver plus d'un malheur avant qu'il soit en état de travailler.

— N'as-tu donc pas assez de tes chagrins, ma Jeanne ? faut-il donc que tu t'en fasses encore d'autres ? »

Le petit Louis tombe en langueur.

Le père Tixier labourait pour rien les terres de Jeanne ; mais, comme elle avait à payer les façons de ses vignes, l'impôt, la moisson, il lui restait tout juste de quoi vivre et payer les mois d'école ainsi que les livres de Paul. Cet enfant continuait d'être dur pour sa mère et pour sa sœur. Hors de la maison, il était fort gentil ; mais là, il tyrannisait ceux qui l'aimaient le plus. Quelquefois Nannette en pleurait ; sa mère lui disait :

« Nous sommes encore bien heureuses. ma fille, qu'il ne tourne pas au mal ! Avec un esprit comme le sien, il eût été impossible de le ramener dans le bon chemin. Il est honnête garçon, Dieu merci ! il n'y a que nous qui souffrions de son mauvais caractère ; aussi m'a-t-il enlevé le peu de bonheur que Dieu m'avait laissé. »

Un jour, Mme Isaure vint voir son filleul ; elle le trouva bien chétif.

« Jeanne, si tu étais raisonnable, tu sèvrerais Louis ; tu lui donnes de mauvais lait, parce que tu as trop de chagrin, et tu fais beaucoup de mal à cet enfant.

— Mais, ma chère dame, il n'a pas une seule dent, malgré ses dix mois.

— C'est égal ; le lait que tu lui donnes est un poison pour lui : crois-moi, sèvre-le tout de suite. »

Jeanne suivit son conseil : l'enfant se remit d'abord ; mais il tomba bientôt en langueur. Marguerite dit à Jeanne :

« Si j'étais à ta place, j'emmènerais Louis à Sainte-Solange pour le faire guérir : on lui dirait un évangile, et il serait tout de suite remis.

— Maman, dit Nannette, les évangiles de M. le curé de Sainte-Solange valent donc mieux que ceux du nôtre ? Pourtant on peut bien dire que notre curé n'a pas son pareil sur la terre.

— Entends-tu ce qu'elle te dit, Marguerite ? Elle a bien raison ; les prières de notre curé, qui est un vrai saint, sont aussi bonnes que celles des autres ; est-ce que le bon Dieu ne les entend pas aussi bien ici qu'à Solange ?

— Pourquoi y a-t-il donc tant de gens qui font le voyage?

— Veux-tu que je te le dise? c'est pour courir, pour s'amuser; et puis, quand vous êtes allés là avec vos enfants, vous ne vous en occupez plus : il faut que le bon Dieu les guérisse tout seul; vous trouvez ça plus commode. Pourtant, s'il nous a donné l'instinct de nous soigner quand nous sommes malades, c'est qu'il veut qu'on prenne la peine de le faire. Tiens, voilà monsieur le curé qui vient, demande-lui ce qu'il en pense. »

M. le curé dit que la prière est bonne partout.

« Monsieur le curé, cria Marguerite, est-ce qu'il y a du mal à faire le voyage de Sainte-Solange?

— Non, certainement. Si, en quittant votre maison pendant plusieurs jours, vous n'y laissez rien en souffrance, et que votre mari et vos enfants soient bien soignés pendant que vous n'y serez pas, vous ferez bien d'aller prier au tombeau de la sainte.

— Qu'est-ce que je te disais, Marguerite? dit Jeanne; as-tu besoin de laisser tout à l'abandon pour aller au loin prier Dieu, quand il y a une église et un bon prêtre auprès de toi? Est-ce que Dieu n'est pas partout et ne nous entend pas toujours?

— Oui, sans doute; mais il guérit mieux à Sainte-Solange qu'ici; c'est bien sûr.

— Tu crois que quand tu auras traîné ton petit malade à neuf lieues, par le froid de la nuit et la

chaleur du jour, il sera mieux disposé à guérir
que si tu le soignais dans ta maison ?

— Vous avez raison, Jeanne, dit M. le curé ;
Dieu veille partout aux besoins de ses créatures.
Le plus petit insecte trouve à sa portée la proie dont
il se nourrit ; la moindre fleur a sa goutte de rosée.
Écoutez, Marguerite, je suis loin de blâmer ceux
qui vont à Sainte-Solange. Il n'y a pas de mal à
faire un pèlerinage, bien au contraire ; mais si
quelque chose en souffre chez vous, vous désobéis-
sez à Dieu, qui veut que la femme s'occupe de sa
maison et de ses enfants.

— Ma foi, c'est un grand ennui que les enfants :
j'en ai cinq, c'est bien trois de trop.

— Peux-tu dire des choses comme celles-là,
Marguerite ! c'est comme si tu souhaitais la mort
de ces pauvres petits. Que dirais-tu si l'on te pro-
posait de te débarrasser de ceux qui sont de trop ?
lesquels choisirais-tu ?

— Tu me fais peur, Jeanne ; je les aime tous de
même, quoiqu'ils m'ennuient bien souvent. »

M. le curé reproche à Marguerite d'être paresseuse.

« Conviens, Marguerite, dit Jeanne, que tu as
autant d'envie de courir que de prier au tombeau
de sainte-Solange.

— Dame ! petite Jeanne, c'est bien amusant de
voir tout ce monde !

— Ainsi, c'est pour voir du monde que tu fais
faire à ton enfant neuf lieues pour aller et autant pour revenir, et que tu laisses les autres

tout seuls avec leur père, qui ne pourra pas s'en occuper, forcé qu'il est de gagner ses journées; ils n'auront point de soupe à manger, ni les uns, ni les autres, et leurs lits ne seront pas faits; puis tu seras si lasse en revenant, que tu ne pourras rien faire le lendemain. Est-ce raisonnable, voyons?

— Écoutez bien ce que vous dit Jeanne, ajouta le curé; vous n'êtes pas travailleuse, et, si Claude était malade seulement pendant huit jours, il faudrait envoyer vos enfants mendier. Si vous étiez bien propre, bien courageuse; si, au lieu d'aller causer dès le matin avec vos voisines, vous faisiez votre ménage et que vous eussiez soin de tenir vos enfants propres, ils se porteraient bien et vous n'auriez pas la douleur de les voir dans un si triste état. Dieu bénit le travail, parce qu'il nous a tous faits pour travailler, et c'est une bonne manière de le prier que d'avoir du cœur à son ménage. Si vous désirez des neuvaines pour guérir votre enfant, je les ferai pour vous, moi!

— Vois donc, Marguerite, si tu mérites qu'on soit si bon pour toi! Allons, dis-nous la vérité : es-tu contente quand tu as couru toute la journée, un enfant sur les bras, au lieu de veiller à tes affaires?

— Non, ma Jeanne; c'est bien vrai que je ne suis pas contente; je sens au-dedans de moi quelque chose qui me gêne, qui me tourmente.

— Et quand tu as bien travaillé toute la journée, que tu es à souper avec ton homme et tes enfants, et que tu as ton gain dans ta poche, que ressens-tu?

— Jeanne, je suis légère comme l'oiseau; je vas, je viens, je chante, j'embrasse les petits.

— Marguerite, dit M. le curé, ce quelque chose qui n'est pas content au-dedans de vous quand vous ne faites pas votre devoir, et qui chante quand vous avez bien travaillé, c'est la conscience, c'est la voix de Dieu qui parle dans votre cœur. Si vous l'écoutiez, vous seriez toujours heureuse, et il y aurait plus d'aisance dans votre maison.

— Monsieur le curé, c'est que, quand il me prend envie de faire quelque chose, je le fais tout de suite sans en penser plus long. J'en suis fâchée après, mais c'est plus fort que moi; il faudrait que Jeanne fût toujours à mon côté.

— Comme elle ne peut quitter sa maison ni son ouvrage pour s'occuper de vous, ce sera moi qui irai tous les matins, avant de dire ma messe, voir si vous êtes en bonne disposition de travailler.

— Monsieur le curé, dit Jeanne, vous ferez là une grande charité; Marguerite n'est pas plus mauvaise qu'une autre; mais je le lui ai déjà dit, si elle continue, il lui arrivera malheur. »

M. le curé veut placer Sylvain en ville.

Jeanne dit un jour à M. le curé :

« Vous avez pour mon Sylvain de trop grandes bontés, vous en faites un monsieur; il serait bien temps qu'il s'occupât de cultiver nos terres; il en sait plus long qu'il ne lui en faut; qu'il apprenne donc à présent à manier la charrue.

— Jeanne, cet enfant est si doux et en même

temps si délicat, que je ne puis m'habituer à penser qu'il passera sa vie à plocher la terre. N'y a-t-il pas mille autres manières de gagner son pain? Il est très-intelligent et beaucoup plus instruit que les autres enfants de son âge, car il a bien profité de tout ce que je lui ai appris. Je voudrais le placer chez un notaire de mes amis, à qui j'en ai déjà parlé.

— Croyez-vous, monsieur le curé, qu'il puisse être heureux en ville, où il n'aura personne pour l'aimer?

— Laissez donc, Jeanne! les gens chez qui je le placerai lui serviront de famille; c'est une maison honnête, où il sera bien tenu et ils ne lui donneront que de bons exemples.

— Monsieur le curé, vous en savez plus long que moi là-dessus; mais j'aurais mieux aimé qu'il restât paysan comme son père; c'est encore l'état qui donne le plus de bonheur et où on est le moins exposé à mal faire. »

Jeanne s'occupa de mettre en ordre les effets de Sylvain; elle fit refaire à sa taille les plus beaux habits de son père, et M. le curé le mena chez son ami le notaire.

Jeanne s'aperçoit que le petit Louis sera un enfant simple.

Louis avait trois ans; sa santé s'était raffermie et il était devenu très-fort; il parlait peu, et ce qu'il disait ne ressemblait pas aux propos des autres enfants; ses yeux étaient grands, mais tout singuliers. Il courait après tout ce qui brillait pour s'en saisir. Il s'était brûlé plus d'une fois à la chandelle, et plus d'une fois aussi il avait retiré du feu le bois enflammé pour jouer avec; enfin, un jour il s'était jeté dans le ruisseau pour prendre le soleil qu'il voyait dans l'eau. Sa mère, ou bien sa sœur, ne le quittaient plus, de peur d'accident. Jeanne dit à la marraine de l'enfan t :

« Je ne peux plus m'abuser, madame, mon pauvre Louis sera simple toute sa vie, si même il ne devient pas idiot tout à fait.

— Tu n'en sais rien encore, Jeanne; il pourra devenir un homme comme les autres; pense donc qu'il est bien jeune!

— Madame, je ne peux pas m'y tromper, parce que ce n'est pas la première fois que je vois des simples; il sera toute sa vie l'enfant du bon Dieu; je ne pourrai pas le quitter un instant.

— Ma pauvre Jeanne, c'est une grande épreuve que le ciel t'envoie.

— J'en ai du chagrin, madame, mais je n'en murmure pas; les enfants simples ont une âme comme les autres, et ils n'offensent jamais le bon Dieu. Puis il m'aime tant, le pauvre innocent!

— Eh bien! Jeanne, si tu ne peux plus travailler à cause de Louis, donne-moi Nannette, j'en aurai soin comme si elle était ma fille; elle ne te coûtera plus rien à nourrir : au contraire, elle pourra t'aider avec ce qu'elle gagnera chez moi.

— Merci, ma chère dame; j'aurai bien de la peine à m'en séparer, car elle aime mon Louis quasi plus que moi; mais nous sommes trop de deux femmes dans la maison, et je serai bien heureuse de la savoir avec vous. »

Nannette a un grand chagrin de quitter sa mère.

A peine Mme Isaure fut-elle partie, que Nannette, qui pleurait dans l'autre chambre, parce qu'elle avait tout entendu, se mit à éclater :

« Ma chère mère, il faut donc nous séparer ! je ne le pourrai jamais ; j'en mourrai, bien sûr.

— Ma pauvre fille, tu n'en mourras pas. Quand j'ai perdu ton père, je ne suis pas morte, parce que j'ai pensé à vous, mes enfants ; et tu penseras à moi pour te donner du courage.

— Mais, c'est si dur d'aller chez les autres !

— Il est sûr qu'il vaut mieux rester avec ses parents, quand on le peut, que d'aller dans la meilleure des conditions. C'est le malheur qui nous force à nous quitter, ma Nannette ; mais ce ne sera pas pour toujours. Nous sommes trop de bouches ici, et puis je ne peux rien acheter pour ta toilette ; au lieu que tout ce que tu vas gagner sera pour toi, ma fille.

— Et pour vous aussi, ma chère maman. Mais je ne pourrai jamais vivre sans vous voir.

— Si, ma fille ; tu auras beaucoup d'ouvrage et tu penseras moins à nous. Mme Isaure est bien bonne ; ce ne sera pas une maîtresse ordinaire pour toi : c'est elle qui m'a donné le premier argent que j'ai touché, qui m'a appris tout ce que je sais ; elle m'a toujours protégée ; tu seras même mieux auprès d'elle qu'auprès de moi, et tu l'aimeras bien vite, je t'en réponds. »

Mais Nannette ne se consolait point; sa mère
lui dit :

« Mon enfant, va voir M. le curé; il a de bonnes
paroles pour toutes les peines, et tu prieras Dieu
avec lui. »

M. le curé fit dîner Nannette à sa table, et la
ramena le soir à sa mère.

« N'est-elle pas bien heureuse, dit Jeanne, dans
notre malheur, de trouver une place tout près de
nous et chez des gens que nous aimons tant?

— Oui, Jeanne, et elle le comprend maintenant; je vous promets qu'elle sera bien raisonnable.

— Nannette, nous irons demain chez Mme Dumont pour savoir quand on aura besoin de toi; si
tu as les yeux gonflés, elle croira que tu as oublié
ce qu'elle a fait pour nous.

— Ma mère, je vais mener notre vache aux
champs, ça me remettra un peu. »

Mme Isaure caresse l'enfant simple de Jeanne.

Le lendemain, après midi, Jeanne et Nannette
s'habillèrent, ainsi que Louis, et elles allèrent
chez Mme Dumont.

Mme Isaure était dans le jardin, et avait une
écharpe rouge. Louis courut à elle, la lui arracha,
et se la mit autour du corps avec une joie bruyante.

« Excusez-le, ma chère dame, dit Jeanne, il ne
sait pas ce qu'il fait.

— Pauvre petit, dit Mme Isaure en le prenant dans ses bras, comme il est beau ! »

Elle lui fit cueillir un abricot, dans lequel il mordit avec avidité ; puis il appela sa mère et sa sœur pour leur en faire manger.

« Il est d'un grand cœur, madame, dit Nannette ; s'il a quelque chose de bon, il faut que tout le monde y goûte. »

Mme Isaure le mena dans sa chambre, lui donna des jouets et l'embrassa plusieurs fois, car il était vraiment charmant ; il la regarda longtemps, puis il se jeta dans ses bras et pleura sur son épaule ; elle ne voulut pas qu'on le dérangeât, et il s'endormit.

« Veux-tu venir demeurer avec moi, Nannette ?

— Oui, madame, j'en serai bien contente.

— Mais tu dis cela en pleurant, mon enfant ; je ne veux pas te contrarier ; si tu ne peux pas t'y décider, n'en parlons plus.

— Mon Dieu ! madame, dit Jeanne, nous ne nous sommes jamais séparées, et il ne serait pas naturel qu'elle quittât la maison sans chagrin ; mais, je vous l'assure, elle vient de bonne volonté ; vous savez bien que je ne voudrais pas la contraindre. Quand désirez-vous qu'elle entre à votre service ?

— Quand cela t'arrangera, Jeanne.

— Alors, madame, si vous ne vous fâchez pas, elle restera chez nous jusqu'après la moisson. J'ai été demandée pour faire le pain et la cuisine aux moissonneurs de la Tréchanderie ; je voudrais bien ne pas perdre cette occasion de gagner un peu d'argent. Nannette gardera ses frères et leur fera la soupe. Je ne viendrai que pour coucher le soir, et encore faudra-t-il que je reparte à trois heures du matin.

— Mais, Jeanne, tu vas te tuer à ce métier-là.

— Je ne peux pas faire autrement; les enfants sont trop jeunes pour les laisser coucher seuls à la maison.

— Ne t'en inquiète pas; notre vieille bonne ira coucher avec Nannette; et toi, tu ne seras pas obligée de faire une lieue matin et soir. »

La vieille bonne mène souvent les enfants au château.

Pendant l'absence de Jeanne, qui ne revenait que le samedi au soir, la vieille bonne, qui l'avait vue toute petite et qui l'aimait beaucoup, emmenait souvent les enfants au château. Elle faisait travailler Nannette avec elle, tout en gardant Louis. Lorsque cet enfant voyait sa marraine, il se couchait à ses pieds et roulait sa tête sur ses genoux; d'autres fois, il prenait ses belles boucles blondes et les baisait, ainsi que ses mains blanches. S'il survenait quelqu'un qu'il ne connût pas, il allait se blottir sous quelque meuble. Nannette s'habitua ainsi à être séparée de sa mère, et elle lui dit en la quittant tout à fait :

« Je viendrai vous voir bien souvent, ma chère maman.

— Ma fille, les maîtres ne se soucient guère de ces visites-là; viens le dimanche seulement. »

Jeanne cessa tout à fait d'aller en journée; elle

entreprit d'apprendre quelque chose à son petit
Louis, qui passait des heures entières à la regarder sans rien dire. Elle avait bien de la peine à
captiver son attention; pourtant, quand elle le tenait par la main en lui adressant la parole, il
semblait la mieux comprendre, surtout si elle lui
parlait des anges et du bon Dieu, et il revenait
souvent sur ce sujet. Il grandissait beaucoup et
promettait de devenir fort comme son père.

Paul était toujours mauvais pour sa mère; quelquefois pourtant, touché de sa douceur, il lui disait les yeux humides :

« Que vous êtes donc bonne, ma pauvre mère! »

Mais ces bons moments étaient rares et duraient
peu. Il apprenait bien ce qu'on lui montrait à
l'école, et, de ce côté du moins, Jeanne n'avait
pas à se plaindre de lui.

Jeanne passe une mauvaise année.

Il y eut une année pluvieuse : les grains muri-
rent mal et les fourrages furent de mauvaise qua-
lité. Le père Tixier, qui avait coutume de venir causer souvent avec Jeanne, était mort dans l'hiver.
Le Grand-Bail était resté à Étienne Durand, et il
fallut que Jeanne payât le labourage de ses terres;
elle se trouva dans une grande gêne; mais, comme
elle ne se plaignait pas, personne n'en sut rien; il
n'y eut que M. le curé qui vit clair dans sa position. Sa vache mourut pour avoir mangé de mauvais fourrage, ce qui fut une grande perte pour
elle; il ne lui restait pas assez d'avance pour en

acheter une autre, parce que, le blé étant cher, il fallait garder son argent pour en avoir. Elle avait employé les économies qu'elle avait faites depuis son veuvage à acheter un bon pré dont elle venait d'achever le payement. On lui offrit bien des cheptels; mais, comme elle savait que son fourrage était malsain, elle ne voulut pas risquer le bétail qu'on lui confierait. Elle passa un hiver difficile et plein de privations, et Paul ne fut pas toujours raisonnable; il murmurait souvent contre sa mère.

Sylvain eut un congé de huit jours au printemps, et il fut très-content de revenir chez lui. Il paraissait satisfait de sa position; ses camarades se moquaient bien un peu de ses chemises de grosse toile, mais il ne les écoutait pas; et, comme il était travailleur et rangé, son patron l'aimait beaucoup. Il rapporta à sa mère une soixantaine de francs qu'il avait gagnés dans l'étude, et il lui dit qu'il allait avoir cinquante francs d'appointements par mois.

« Je vais être riche, ma bonne mère, et il n'y aura plus de mauvais hivers pour vous.

— Mon Sylvain, je vais t'acheter des chemises de calicot et te les faire tout de suite.

— Non, ma mère, cet argent-là est pour vous avoir une vache. Je sais que Nannette va vous en apporter autant au moins. Mais il me semble, Paul, qu'il est temps de quitter l'école, et que tu peux travailler à notre bien maintenant.

— Moi, je ne veux pas être laboureur, dit Paul; il me faut un état qui me convienne, et, si l'on veut me mettre chez le maréchal du bourg, je veux bien commencer à travailler. J'y vais quelquefois entre les deux classes, et je tiens les pieds des chevaux pendant qu'il les ferre; il dit que je suis un luron, et que, si je veux travailler dans sa boutique, il me prendra avec plaisir.

— Ce n'est pourtant pas raisonnable, Paul, dit sa mère; les journées me ruinent, et, si tu travaillais pour nous, je pourrais t'acheter ce dont tu as besoin.

— Je vous dis que je veux être maréchal, pour voir du pays quand je serai grand et faire mon tour de France Je saurai bien gagner de l'argent, soyez tranquille! je ne vous en demanderai jamais.

— Il faut le laisser faire. Mon Sylvain, veux-tu aller t'arranger avec le père Maurice? »

Sylvain fit ce que lui disait sa mère, et il revint dire que le père Maurice, le maréchal, prendrait Paul pour deux ans de son temps, et qu'il lui en avait fait l'éloge.

« Tant mieux, mon garçon. Ainsi, Paul, tu y entreras à la fin de ton mois d'école. »

On retrouve Pierre, le frère de Claude, qui s'était perdu.

Un jour que Jeanne filait, assise dans sa galerie, elle vit passer Marguerite, qui courait comme une folle.

« Où vas-tu si vite? lui dit-elle.

— Je cherche Pierre, le frère de mon homme, qui est perdu. »

Jeanne ne fit pas grande attention à ce que Marguerite lui disait, parce qu'elle la connaissait pour une tête éventée.

Deux jours après, Marguerite vint lui dire d'un air effaré qu'on venait seulement de trouver Pierre.

« Viens donc le voir tout de suite chez nous; ma Jeanne; il est comme mort.

— Où l'a-t-on donc trouvé?

— Dans la grande luzerne d'Étienne Durand. »

Jeanne suivit Marguerite et emmena Louis avec elle. Elle trouva Pierre étendu sur un lit, sans mouvement; elle lui frotta les tempes avec du vinaigre et lui en fit respirer; puis elle défit sa cravate, et lui lava le visage et les mains avec de l'eau fraîche. Il ouvrit les yeux· son pouls était si faible, qu'on le sentait à peine. Jeanne lui demanda s'il souffrait.

« J'ai faim, dit-il bien bas.

— Le malheureux! s'écria Claude, il meurt de faim! »

Jeanne lui fit boire un peu de vin pour lui donner des forces, et dit qu'il ne fallait pas beaucoup le faire manger, parce que c'était dangereux, et qu'on allait lui faire de la soupe au lait.

« Mais je n'ai pas de lait, moi, dit Marguerite.

— Va en chercher au Grand-Bail, ils ne t'en refuseront pas. — Mais pourquoi Pierre s'en est-il allé comme ça? dit-elle à Claude.

— Je vas vous dire, Jeanne : il a un grand mal à la jambe depuis plus de quatre ans. Il l'a caché à notre défunte mère pendant bien longtemps. Elle le voyait dépérir sans pouvoir en deviner la cause. Enfin, un jour il quitta sa place de charretier aux

Ormeaux et s'en vint chez nous. A force d'être
tourmenté, il a fini par faire voir son mal. Notre
mère l'a fait rester au lit et l'a guéri. Il s'est encore placé au moulin du bourg ; son mal est revenu aux deux jambes, et il ne s'en est pas vanté.
Mais cette année, un peu avant la Saint-Jean, en
chargeant sa voiture, il a laissé tomber un poinçon
vide sur sa jambe, et il y a fait un grand trou ; depuis ce temps-là, il est chez nous sans travailler.

— Mais on ne le voyait jamais.

— C'est qu'il se cachait, le pauvre garçon,
comme s'il eût fait un mauvais coup.

— Pourquoi donc n'en avoir pas parlé à M. le
curé ?

— Dame ! il ne le voulait pas.

— Êtes-vous simple aussi, vous, Claude, de
l'avoir écouté !

— Ce n'est pas tout, Jeanne ; il a voulu se détruire déjà deux fois, parce qu'il s'imaginait nous
être à charge. Je l'en ai empêché, heureusement,
à temps ; mais je vois bien que, cette fois, il voulait se laisser mourir de faim.

— Savez-vous, Claude, que c'eût été une grande
honte pour votre famille d'avoir un homme qui se
serait tué ! Sans compter que c'est un grand péché
que de se donner la mort. »

Pierre prie Jeanne de le guérir.

« Oh! Jeanne, vous qui savez tant de choses, vous pouvez bien me guérir, si vous le voulez, demanda Pierre.

— Maman, dit Louis, il ne faut pas le guérir.

— Pourquoi donc, petit? repartit Pierre.

— Parce que tu n'aimes pas le bon Dieu.

— Qui est-ce qui t'a dit ça?

— Personne; mais tu as voulu te tuer pour ne pas souffrir, et le bon Dieu ne t'aime plus.

— Entends-tu, Pierre? c'est Dieu qui parle par la bouche du pauvre simple. »

Pendant ce temps-là, on avait fait la soupe au lait, et Pierre la mangea.

« Pierre, dit Jeanne, pourquoi, dès le commencement de votre mal, n'êtes-vous pas allé chez M. le curé, qui est si habile et si secourable?

— Jamais je n'aurais osé lui montrer mes jambes.

— Et vous avez mieux aimé offenser Dieu en cherchant à vous détruire, et rester à la charge de votre frère, qui n'est déjà pas trop à son aise! Je veux bien vous soigner, mais seulement quand M. le curé aura vu votre jambe. Je vais aller le chercher. »

M. le curé, ayant développé la jambe, fut effrayé de l'état de la plaie; Pierre, qui s'en aperçut, lui dit :

« N'est-ce pas, monsieur le curé, que je ne guérirai jamais?

— Je ne vous cache pas, mon garçon, que ce sera long et difficile : un mal peut toujours se guérir quand il est pris à temps ; mais, quand on le garde pendant des années sans y rien faire, c'est quelquefois impossible. Il vous faudra une grande patience et une grande docilité pour guérir. »

Et il lava la plaie avec soin, la pansa avec de la pommade camphrée étendue sur de la charpie, et il la saupoudra auparavant avec du camphre en poudre

« Je viendrai vous panser tous les jours, dit-il en s'en allant. Il faut vous coucher tôt, vous lever tard, et, quand vous serez levé, vous tiendrez votre jambe étendue sur une petite chaise ; si vous la posez par terre, je n'en réponds pas. »

Il faisait un beau clair de lune quand Jeanne et M. le curé sortirent. Le petit Louis donnait la main à M. le curé, qui l'aimait beaucoup. Il s'arrêta et dit en montrant le ciel et les étoiles :

« Qui a fait tout ça ?

— Mon enfant, lui dit sa mère, je t'ai répété bien des fois que c'était Dieu qui avait fait tout ce qui est au ciel et sur la terre. »

L'enfant quitta la main de M. le curé et se mit à genoux.

« Je veux voir Dieu, dit-il, je veux lui parler. »

Ils étaient devant la porte de la cure, et ils y entrèrent tous les trois ; M. le curé prit le pauvre simple sur ses genoux et lui dit :

« Mon petit Louis, le bon Dieu ne se voit pas avec les yeux du corps ; mais l'on sent qu'il est partout. Quand tu restes des heures entières à regarder tes roses pousser, c'est lui qui les déploie et les fait sortir si belles de leurs boutons ; c'est lui aussi qui leur donne cette bonne odeur que tu aimes tant. Quand tu donnes un morceau de pain à un pauvre, c'est lui qui te met le contentement dans le cœur ; et si tu embrasses ta mère, c'est encore Dieu qui te rend heureux dans toute ta petite personne.

— C'est bon, dit Louis, je vas l'écouter.

— Vous voyez bien, Jeanne, que cet enfant n'est pas aussi malheureux que vous le croyez ; il comprend Dieu. »

Jeanne gronde Marguerite.

Quelques jours après, Jeanne alla voir Pierre ; elle trouva Marguerite qui travaillait devant sa porte.

« Marguerite, lui dit-elle, il ne me semble guère naturel que Pierre ait voulu se détruire à trois fois différentes ; il a son tiers dans votre maison et dans votre champ, et il lui reste bien un peu d'argent de ses gages. Je parierais que tu lui as dit quelque chose.

— Oh ! mon Dieu, pas grand'chose, va, Jeanne ! Je lui disais qu'il était au bout de son argent, et que, quand il n'en aurait plus, nous ne pourrions pas le garder, parce que nous étions déjà trop dans la maison.

— Lui disais-tu ces belles choses-là devant Claude ?

— Non pas ! il est bien bon, Claude, mais il

m'aurait donné une bonne tape, s'il m'avait entendue parler comme ça à son frère.

— Et tu as eu le cœur de dire des choses pareilles à cet infirme, au frère de ton homme !

— Tiens, voilà-t-il pas !

— Il ne te rendait donc pas quelques services ?

— Si fait : il chauffait le four et enfournait le pain ; il faisait des mues et des paniers que je vendais à la ville, où le meunier me les conduisait ; enfin, il s'occupait toujours ; il gardait aussi les petits et leur faisait des amusettes.

— Et tu as pu lui reprocher le pain qu'il mangeait et qu'il gagnait bien, ma foi ! Marguerite, je mourrais de honte si j'étais à ta place. Si Pierre s'était détruit, tu en aurais répondu devant Dieu.

— Jeanne, tu me fais toujours peur ; je ne suis pourtant pas méchante.

— C'est vrai, tu n'es pas méchante au fond ; mais c'est pire que si tu l'étais, parce que tu ne penses jamais ni à ce que tu dis ni à ce que tu fais. »

Pierre guérit, puis retombe malade.

Pierre guérit au bout de trois mois. Quand la plaie fut fermée, M. le curé lui dit :

« Maintenant, mon ami, il ne faut plus penser à cultiver la terre, cherchez un autre moyen de gagner votre vie.

— Que voulez-vous donc que je fasse, monsieur le curé ?

— Apprenez un état qui ne fatigue pas vos jambes.

— Mais j'ai vingt-cinq ans ; et il est bien dur à mon âge d'entrer en apprentissage.

— Il serait encore plus dur d'aller mendier, mon cher ; le mal ne se fait jamais, en ce monde, que la punition ne le suive tôt ou tard. Vous avez manqué de confiance en Dieu et en votre mère, qui représentait pour vous sa providence sur la terre, et vous voilà incapable de travailler comme tout le monde. Il n'y a donc pas à murmurer, puisque vous êtes l'auteur de votre mal ; et, quoique vous soyez guéri, rappelez-vous que vous ne vous servirez jamais de vos jambes comme vous le faisiez auparavant sans qu'elles redeviennent malades. »

Quand M. le curé fut sorti, Marguerite dit à Pierre :

« Bah ! M. le curé dit ça ; mais tu peux bien aller à la charrue, à présent que tu n'as plus de mal. »

Pierre, qui se sentait fort, se loua comme laboureur.

Mais, au bout d'un mois, il revint chez son frère, plus malade que la première fois.

Marguerite vient encore chercher Jeanne.

Marguerite alla trouver Jeanne, et lui dit :

« Il faut pourtant que tu ailles chez M. le curé pour le prier de venir voir Pierre, qui est revenu ; moi, je n'oserais pas.

— Pourquoi donc ? est-ce qu'il est encore malade ?

— Il est pis que jamais. »

Jeanne alla chercher M. le curé, qui recula en voyant les deux jambes de Pierre.

« Malheureux garçon ! vous n'avez donc pas tenu compte de ce que je vous ai dit?

— Dame! quand j'ai vu, monsieur, que vous m'aviez si bien guéri, j'ai cru que je pouvais travailler comme les autres. »

Jeanne regarda Marguerite, qui rougit et détourna la tête.

« Pierre, je vous l'ai déjà dit, on est toujours puni quand on fait mal. Vous n'avez pas voulu me croire, moi, votre pasteur, et qui vous ai soigné si longtemps; aujourd'hui, je ne puis plus vous guérir, parce qu'il vous faut des soins et une nourriture que vous ne pourrez pas trouver chez votre frère. Je vais tâcher de vous faire entrer à l'hôpital de Bourges.

— A l'hôpital, monsieur!

— Oui, Pierre, à l'hôpital; vous y serez bien traité; je vous recommanderai aux sœurs et à M. l'aumônier, qui s'occuperont de vous trouver un apprentissage quand vous serez guéri. Je ne vois que trois états qui vous conviennent : tailleur, cordonnier ou tisserand; encore les jambes fatiguent-elles trop dans ce dernier métier.

— Monsieur le curé, j'aimerais l'état de tailleur; je sais tenir une aiguille, parce que je fais des chapeaux de paille, et je sens que je n'y serais pas maladroit. »

Le petit Louis ne connaît pas le danger.

Longtemps après, un jour que M. le curé était chez Jeanne, on entendit crier sur le chemin. Ils se mirent sur la galerie pour voir ce qui occasionnait ce bruit. C'était une petite fille qui courait après sa vache, que les taons avaient mise en furie. La bête allait passer sur le corps des deux filles de Marguerite, qui venaient de chercher de l'herbe pour leur chèvre, quand Louis, qui était descendu sans que sa mère le vît, lui sauta aux cornes comme elle baissait la tête, et la retint sans bouger. Quoiqu'il n'eût que dix ans, on lui en eût bien donné quatorze pour la taille et la vigueur.

Jeanne, qui en voyant cela était plus morte que vive, eut le sang-froid de prendre une corde avant de descendre ; elle l'attacha aux cornes de la vache, pendant que M. le curé liait l'autre bout à une de ses jambes, et Louis la laissa aller.

« Mon cher enfant, dit Jeanne toute tremblante et en l'embrassant, tu te serais fait tuer !

— Ne vaudrait-il pas mieux que je fusse auprès du bon Dieu que de vous gêner sur terre, moi qui ne suis bon à rien ?

— Il me dit souvent des choses semblables, pourtant ! dit-elle en regardant M. le curé.

— Louis, dit M. le curé, chacun a sa place dans le monde, suivant les desseins de Dieu ; si tu étais mort par ta faute, il n'eût pas été content de toi.

—Mais cette mauvaise bête allait renverser les petites filles ; il fallait bien l'arrêter.

— Tu es un brave garçon, Louis ; tu verras Dieu un jour comme tu me vois.

— Bien sûr ?

— Bien sûr ; je te le promets. »

Et les yeux de l'enfant brillèrent comme des étoiles.

Jeanne mène Louis chez sa marraine.

Jeanne mena Louis chez sa marraine et lui raconta ce trait de courage, pendant qu'il était occupé à regarder les belles fleurs qui étaient plantées devant les croisées.

« Ma bonne Jeanne, cet enfant est une grande charge pour toi. Si tu le voulais, je le ferais placer aux Incurables d'Issoudun, et il y serait fort heureux, je t'assure.

—Oh! non, madame, il n'y serait pas heureux ! Vous ne sauriez croire combien cet enfant a besoin d'être aimé ; il est tout cœur. Tant que j'aurai une bouchée de pain, je la partagerai avec lui ; et si je n'en avais plus, j'irais en demander pour lui en donner. Je l'aime pour tout le monde ; j'en suis occupée la nuit comme le jour ; il n'a pas pu prendre d'heures réglées pour ses repas ; il demande du pain quand il est couché comme s'il était levé. J'entends souvent dire que Dieu me ferait une grande grâce s'il me le reprenait ; rien ne me fait plus de peine qu'un propos semblable ; et comme on se trompe ! J'ai mis tout mon bonheur en lui ; il sent quand je souffre, et alors il devient triste. Je n'ai pas besoin de lui conter mes chagrins ; on dirait que ma tristesse coule dans son cœur « tant il me fait d'amitiés » s'il me sent de la peine ; il me manquerait encore plus que mes autres enfants, qui peuvent se passer de moi. Tout son esprit est dans son cœur. Enfin, que voulez-vous que je vous dise, ma chère dame ? c'est tout le portrait de son père.

— Qu'en comptes-tu donc faire alors ?

— Il travaille un peu au jardin ; il est très-fort, et peut-être un jour pourra-t-il labourer. Je suis si habituée à le voir tel qu'il est, que je n'en suis plus chagrinée ; quelquefois il passe des heures devant ses rosiers, car il aime beaucoup les fleurs, et surtout les roses. On dirait qu'il les regarde pousser. Je serais heureuse avec lui si je ne craignais pas qu'il ne mît le feu sans le vouloir ; c'est pourquoi je ne le laisse jamais seul à la maison. »

Pendant que sa mère parlait, Louis était rentré et s'était approché du piano. Comme il touchait à tout, il avait posé un doigt sur une touche, qui rendit un son. Il fut ravi et poussa un petit cri de joie ; il recommença, et les touches lui répondaient toujours.

« Est-ce qu'il aime la musique ? dit sa marraine.

— Oh ! beaucoup, madame ; du plus loin qu'il entend une cornemuse, il prête l'oreille ; il est d'abord joyeux comme tout à l'heure, puis il finit toujours par pleurer. »

Mme Isaure se mit au piano et joua un air bien doux et un peu triste. Louis la regardait avec des yeux brillants, puis il se mit à genoux comme s'il priait Dieu. Quand elle eut fini, il se coucha à ses pieds et pleura. Sa marraine lui joua aussitôt un air plus gai pour le remettre un peu ; mais il se leva subitement, et, lui arrêtant le bras, il s'écria :

« Non ! pas ça, marraine, pas ça, l'autre ! »

On l'emmena dans le jardin pour le distraire, car Jeanne avait peur qu'il ne se rendît malade ; elle ne l'avait jamais vu dans un pareil état.

Solange demande Nannette pour son garçon

A quelque temps de là, Solange, des Ormeaux, vint trouver Jeanne et lui dit :

« Veux-tu donner ta fille à mon Jean ? Depuis qu'il est revenu de l'armée, il ne pense qu'à elle ; il dit qu'il n'y a pas une fille pareille ; que, si elle le refuse, il ne se mariera pas.

— Ma Solange, il faut d'abord savoir ce qu'en dira Nannette.

— Peut-être ne se souciera-t-elle pas de demeurer à la campagne, maintenant qu'elle a tâté de la ville ?

— Tu te trompes, Solange ; je sais qu'elle ne sera heureuse que quand elle vivra auprès de moi. La pauvre enfant me donne plus de la moitié de ses gages pour payer les façons de mes champs ; car moi je ne peux plus rien gagner à présent, et je crois bien qu'elle n'a pas de grandes épargnes.

— Ce n'est pas pour son argent que mon garçon la veut ; tu sais qu'il était le filleul du père Jusserand, qui lui a acheté un remplaçant au bout de quatre ans de service, parce qu'il voulait le voir avant de mourir; il lui a légué en mourant quinze cents francs d'argent, et, avec les champs que nous lui donnerons en mariage, il aura de quoi vivre en travaillant.

— Mais, Solange, Nannette ne voudra qu'un homme qui vive dans notre maison et cultive nos terres.

— Justement, c'est le désir de Jean.

— Il faut te dire aussi que je voudrais bien ne pas faire encore mes partages, à cause de mes deux mineurs, parce que les frais nous ruineraient.

— Ne t'inquiète pas de ça, Jeanne; tout le monde sait comment tu as gouverné ton bien depuis la mort de ton pauvre homme. Vous resterez tous ensemble, et, quand tu auras un bon ouvrier dans ta maison, tu seras enfin à ton aise.

— Ce n'est pas tout encore, Solange : j'ai mon petit Louis, qui pourrait bien ennuyer ton garçon. Nannette l'aime comme moi, et si Jean ne pouvait l'endurer à la maison, elle serait malheureuse, et moi j'en sortirais; car, pour rien au monde, je ne voudrais me séparer de mon pauvre simple.

— Ton petit Louis, qui est fort comme quatre, plaît beaucoup à Jean; il dit que les enfants simples sont plus près du bon Dieu que les autres. Il en parlait encore ce matin et disait qu'il se chargeait de lui apprendre à labourer, et qu'il était bien sûr d'y réussir. Ainsi, sois tranquille de ce côté.

— Eh bien ! puisque nous sommes d'accord sur tout, il faut que tu ailles chez Mme Dumont, dire à Nannette que j'ai besoin de lui parler, et nous saurons tout de suite ce qu'elle en pense. »

Quand Nannette fut venue, sa mère lui dit :

« Ma fille, la maîtresse Jusserand vient te demander pour son garçon.

— Oui, ma petite Nannette, dit Solange, voudras-tu bien prendre un paysan, maintenant que tu es quasi une demoiselle?

— Ma mère, je ne me marierai que pour demeurer avec vous.

— Ma fille, Jean Jusserand veut bien vivre dans notre maison et cultiver notre bien : mais il ne faut pas penser à moi dans une affaire si importante; je veux que tu me dises, comme devant Dieu, s'il te convient.

— Oui, ma mère, dit Nannette en rougissant; Jean est plus doux et bien mieux appris que les autres garçons du bourg; mais je n'oserai jamais dire à madame, qui est si bonne pour moi et que j'aime tant, que je vais la quitter.

— J'irai te reconduire.

— Embrasse-moi, ma Nannette, dit Solange; tu ne sais pas comme je serai contente de t'avoir pour bru, moi qui dois tout ce que je vaux à ta mère ! »

Jeanne annonce le mariage de Nannette à Mme Isaure.

Jeanne s'habilla et donna aussi ses beaux habits à Louis, qui n'en était pas trop content.

« Mon enfant, c'est pour aller voir ta marraine. »

Il se laissa faire sans rien dire, parce qu'il se

sentait heureux auprès de sa marraine. En passant dans son jardin, il cueillit ses plus belles roses et il les donna à Mme Isaure, puis il vint se coucher à ses pieds et ferma les yeux comme s'il dormait.

« Excusez-le, madame : le pauvre petit comprend que vous êtes bonne pour lui, et il ne se gêne pas plus qu'avec moi.

— Laisse-le donc faire, Jeanne. Mais comme tu es belle! Qu'as-tu donc à me dire?

— Madame, il m'en coûte un peu de vous parler de ce qui se passe, quoique pourtant je sois sûre que vous ne vous en fâcherez pas. Il se présente un bon parti pour Nannette, qui est en âge de se marier, et je crois qu'elle aurait tort de le refuser.

— Comment, Jeanne, tu veux m'ôter Nannette, qui m'est si utile pour ma fille que je lui confie avec la plus grande sécurité!

— Madame, Nannette ne trouvera jamais un autre homme comme Jean Jusserand, de votre métairie des Ormeaux. Il est riche, il est d'un bon naturel, il est mieux élevé que ne le sont d'ordinaire les paysans ; enfin il a tout pour lui! puis, il veut bien demeurer avec nous et cultiver nos terres, et je suis sûre qu'il ne brutalisera jamais la pauvre créature qui dort à vos pieds. Vous comprenez, madame, que c'est une grande chose que celle-là, pour moi qui ne suis occupée que de ce pauvre enfant!

— Il me semble, Jeanne, qu'à ta place j'aurais voulu mieux que cela pour Nannette, qui ne me paraît pas faite pour vivre à la campagne. Je pensais que quelque jour elle se marierait à un bon ouvrier de la ville.

— Madame, dit Nannette, je ne connais que deux maisons où je puisse vivre : la vôtre et celle de ma mère. Si je n'avais pas trouvé un homme qui voulût demeurer avec elle, je n'aurais pas quitté votre service.

— Et puis, madame, dit Jeanne, croyez bien que l'on est plus heureux en cultivant ses terres qu'en travaillant pour des pratiques qui peuvent vous quitter et vous mettre dans la gêne ; au lieu que le cultivateur, n'ayant affaire qu'à Dieu, ne murmure jamais.

— Allons, Nannette, marie-toi donc, puisque tu le veux ; mais j'aurai besoin de toi souvent encore.

— Madame, demeurant avec ma mère, qui soignera la maison, j'aurai la facilité de travailler au dehors, et je serai bien heureuse toutes les fois que madame voudra bien m'employer. »

Mme Isaure chante pour réveiller Louis.

« Jeanne, dit Mme Isaure, je vais chanter pour réveiller Louis. L'effet que produit sur lui la musique est bien singulier ! Il n'est donc pas tout à fait idiot ?

— Non, madame ; quand on dit quelque sottise devant lui, il sait bien en faire la remarque. Si on lui demande son avis sur quelque chose, il le donne juste, quoiqu'il ne le dise pas comme un autre. Quelquefois il sent sa position, et alors il me dit des paroles qui me déchirent l'âme.

— Qu'a-t-il donc ? Quel est ce genre d'infirmité?

— Je n'en sais rien, madame : c'est comme s'il ne gouvernait pas sa volonté. Quand je ne suis pas avec lui, il n'est bon à rien. Pour le faire parler un peu raisonnablement, je suis obligée de le tenir par la main pendant tout le temps qu'il parle. Il est comme les tout petits enfants, il aime tout ce qui brille. Je l'ai mené en ville : il avait envie de tout ce qu'il voyait chez les orfévres et chez les marchands de cristaux; il n'a aucune idée du danger ; enfin, si je le laissais faire, il donnerait tout ce qu'il y a chez nous. »

Mme Isaure chanta avec sa fille un air très-doux. Louis se leva, pleura, et demanda un autre air quand celui-là fut fini ; on le contenta, et, en partant, il mit les mains de sa marraine sur ses yeux trempés de larmes. Elle lui donna une timbale d'argent bien claire, ce qui lui fit oublier la tristesse que lui causait toujours la musique.

« Tu boiras tous les jours dans ce gobelet, Louis, afin de penser toujours à moi.

— Oui, marraine, je penserai à vous qui chantez comme les anges. »

Mariage de Nannette

Quand Jeanne fut rentrée dans la maison, elle s'occupa d'écrire à Sylvain et à Paul pour leur annoncer le mariage de leur sœur. Sylvain répondit tout de suite qu'il était fort heureux de voir sa sœur entrer dans une honnête famille et devenir la femme d'un aussi brave garçon que Jean Jusserand. Il ajoutait qu'il se faisait une grande fête de venir aux noces et de s'y retrouver au milieu de tous leurs amis. On n'avait aucune nouvelle de Paul, et Jeanne commençait à s'en inquiéter sérieusement, quand elle reçut, par occasion, une lettre du maréchal chez lequel il travaillait, à Issoudun : cette lettre renfermait celle que Jeanne avait écrite à son fils et une pièce de quarante francs.

Le maréchal lui annonçait le départ de Paul, qui l'avait quitté depuis plus d'un mois, à la suite d'une contestation qu'ils avaient eue ensemble. Le malheureux garçon faisait le maître dans la boutique et brusquait les ouvriers ; il était même allé jusqu'à manquer de respect au patron, qui l'avait tancé vertement. Le lendemain matin, Paul n'ayant pas paru, l'on monta dans sa chambre, et l'on reconnut qu'il était parti dans la nuit, sans même régler son compte avec le maréchal, qui se touvait lui devoir les quarante francs qu'il envoyait à Jeanne. Du reste, cet homme rendait le meilleur témoignage sur la probité et le travail de Paul.

Jeanne fut très-affligée en voyant que son fils ne se corrigeait pas, et surtout en ne sachant plus où le prendre.

Le mariage de Nannette se fit en son temps. Sylvain vint aux noces de sa sœur, comme il l'avait promis ; c'était tout à fait un monsieur, mais il ne s'en montrait pas plus fier, et il était facile de voir qu'il éprouvait un véritable plaisir à se retrouver au milieu de sa famille et de ses bons voisins. Il causait avec ses camarades d'enfance tout comme s'il n'eût jamais quitté le village. Tout cela ne consolait pas Jeanne, qui eût préféré le voir cultivateur.

« Es-tu réellement heureux à la ville, mon cher enfant? lui disait-elle.

— Ah! ma mère, il y a bien quelque chose à dire! Quand, par un beau soleil, il faut que je reste assis toute la journée devant une table, j'envie le sort de ceux qui sont libres dans les champs ; mais j'éloigne ces idées-là. D'ailleurs, j'ai l'avantage de n'être jamais exposé au froid ni à la pluie, et c'est quelque chose ; vraiment, si je pouvais vous voir plus souvent, il ne me manquerait rien. Mais soyez tranquille, ma chère mère, je n'ai pas d'ambition ; aussitôt que j'aurai gagné une honnête aisance, je viendrai bâtir une petite maison auprès de la vôtre, et vous serez heureuse au milieu de tous vos enfants. »

Jeanne sentit les larmes la gagner, car elle songeait à Paul.

Jeanne veut céder son bien à ses enfants.

« Mes enfants, dit Jeanne, quand Paul sera majeur, je vous abandonnerai le bien et vous me ferez une pension. Il me faudra peu de chose pour vivre ; ainsi, ce ne sera pas une grande charge pour vous.

— Ne faites jamais une chose semblable, ma chère mère, dit Sylvain ; je ne le souffrirai point. Il ne faut pas que les parents se dépouillent pour leurs enfants ; au contraire, si mon frère Paul ne change pas d'avis (car, la dernière fois que j'en ai causé avec lui, nous étions d'accord sur ce point), nous vous abandonnerons ce qui nous revient de notre père; vous en jouirez votre vie durant, et le fonds sera donné au pauvre Louis. Il est juste que Jean, qui le soignera, en soit récompensé; et, comme l'enfant ne pourra jamais gérer son bien, c'est à ma sœur que nous ferons notre donation, en laissant l'usufruit à notre mère d'abord, et à Louis ensuite.

— Vous êtes de braves enfants, dit Jeanne tout attendrie, et c'est pour cela qu'en vous cédant tout de suite ce que j'ai, je n'aurai pas à craindre, comme tant d'autres, d'avoir à m'en repentir.

— D'abord, ma mère, il n'est pas dans l'ordre que les parents soient dans la dépendance des enfants : puis vous pouvez vivre plus longtemps que quelques-uns d'entre nous; vous ne savez pas ce que seront vos petits-enfants; vous pouvez avoir affaire à des tuteurs qui ne soient pas raisonnables. Enfin, c'est une grande faute que de céder son bien, de n'être plus maître chez soi, où l'on doit être respecté jusqu'à son dernier jour. On s'imagine faire par là le bonheur de ses enfants, et l'on se trompe beaucoup. Si quelques-uns d'entre eux éprouvent un malheur, n'est-il pas bien dur à un père ou à une pauvre mère de ne pouvoir les secourir, et même d'être obligés de les tourmenter pour avoir cette pension sans laquelle on ne peut vivre? Enfin, grâce à Dieu, nous pouvons nous passer de ce que vous avez. Tout reviendra donc à Jean après la mort de Louis, c'est justice. Quand

Paul sera ici, nous arrangerons cela; il entend bien son métier, et je ne suis pas en peine de lui. »

Paul revient pour tirer.

Trois ans après le mariage de Nannette, dans les premiers jours de mars, Jeanne était assise sur sa galerie, regardant Louis, qui labourait de l'autre côté du chemin avec un soin et une intelligence qu'on n'aurait pas attendus de lui. Elle pensait à Paul, dont elle n'avait pas eu de nouvelles depuis plusieurs années. Le tirage était annoncé pour le dimanche suivant, et elle était tourmentée de ce qui pourrait arriver si son fils ne se présentait pas pour satisfaire à la loi. Ses yeux étaient obscurcis par les larmes que faisait couler le souvenir de cet enfant qu'elle aimait beaucoup, malgré son mauvais caractère; elle pensait aussi à grand Louis, qui aurait eu la main plus ferme qu'elle pour gouverner ce rude naturel. Jeanne était si occupée de ces pensées, qu'elle n'entendit pas qu'on montait son escalier; et quand, levant les yeux à un mouvement qui se fit auprès d'elle, elle vit un grand garçon à ses genoux, elle fut si saisie, en reconnaissant Paul, qu'elle ne put que lui ouvrir ses bras sans parler. Ils pleurèrent longtemps tous les deux en silence. Paul se leva enfin, et sa mère le regarda avec orgueil, tant il était devenu beau garçon.

– « Méchant enfant, lui dit-elle en l'embrassant encore, me laisser des années entières sans nouvelles ! et si j'étais morte ?

— Ah ! ma mère, ne me parlez pas de cela ; j'y ai pensé plus d'une fois, et cette idée ne me laissait pas une goutte de sang dans les veines.

— Et pourquoi ne pas nous écrire ?

— Je n'ai pas voulu vous donner de mes nouvelles avant d'être devenu digne de vous. »

L'heure de goûter étant arrivée, toute la famille se trouva réunie, et chacun fêta le voyageur. Louis tournait autour de son frère, et il ne consentit à l'embrasser que quand il se fut bien assuré qu'il ressemblait à sa mère. Nannette prépara un repas meilleur qu'à l'ordinaire, Jean tira du bon vin, et l'on se mit à table.

« Ç'a été une triste noce que la nôtre, dit Nannette à son frère : l'inquiétude où nous laissait ton sort a gâté tout notre bonheur, et personne n'avait le cœur gai en voyant le visage désolé de notre pauvre mère.

— Et qu'es-tu donc devenu pendant tout ce temps ? dit Jeanne.

— Ah ! mère, c'est une triste histoire. »

Paul raconte ce qu'il a fait en partant d'Issoudun.

« Après m'être querellé, à Issoudun, avec le bourgeois, dit Paul, je montai à ma chambre, où je ne tardai pas à reconnaître mes torts ; mais j'étais trop orgueilleux pour en convenir, et je quittai la maison la nuit, quand tout le monde était endormi.

— Et pourquoi n'es-tu pas revenu ici ?

— Parce que j'étais honteux de la sottise que je

venais de faire. Je commençais à comprendre que
j'avais mille fois abusé de votre infatigable bonté,
et je ne voulais pas recommencer.

« J'allai, à Bourges, me présenter chez un maréchal, qui me demanda mon livret. Comme il
n'était pas signé de mon dernier maître, il refusa
de m'employer. Je commençai à réfléchir sur ma
conduite inconsidérée, et, quand j'eus mangé les
quelques francs que j'avais apportés, je me trou-
vai dans une si grande détresse, que je me décidai
à casser les pierres sur la grande route pour ne
pas mourir de faim. J'avais beau faire double tâche
et vivre seulement de pain et d'eau, je ne pouvais
parvenir à amasser la somme nécessaire pour
chercher fortune ailleurs.

— Mon pauvre garçon! dit Jeanne, as-tu donc
été aussi malheureux que cela?

— Ne me plaignez pas, ma mère; c'est à cette
misère que j'ai dû de comprendre tout ce que vous
avez été pour moi. J'ai fait bien des réflexions
pen lant que je broyais ces cailloux, et mon cœur,
aussi dur qu'eux, s'est amolli par le souvenir de
la façon indigne dont j'avais reconnu la bonté de
Dieu, qui m'avait donné une mère telle que vous
pour le remplacer sur terre auprès de moi.

« J'appris qu'on travaillait au canal de Berry,
et je me dirigeai de ce côté. Je passai dans la
foule des ouvriers sans que l'on s'inquiétât beaucoup de mes papiers. Au bout de quelques semaines d'un travail assidu, je fus remarqué par mon
chef de brigade, qui m'employa à la surveillance,
et j'eus une meilleure paye. Après la campagne,

ayant quelque argent à ma disposition, je résolus de reprendre mon tour de France, et l'on me délivra un livret et un certificat de bonne conduite.

« Mon naturel peu endurant essaya plus d'une fois de se montrer ; alors je pensais aux pierres de

Paul casse les pierres.

la route, et je contins si bien mon humeur qu'elle cessa de reparaître. Puis, en allant de boutique en boutique, j'ai bien observé toutes les différentes familles, et j'y ai rarement rencontré une femme comme vous, ma chère mère, et peu d'enfants qui valussent Nannette et Sylvain. Je me demandais souvent ce que j'avais été au milieu de vous tous, et la honte me couvrait le visage de rougeur.

« J'ai promis à Dieu de ne jamais vous causer volontairement aucune peine ; ainsi, ma mère, ne craignez pas que je trouble à présent la paix de votre maison. Je sais maintenant ce que je vous dois, et je vous aime d'un grand amour. Si le sort ne me fait pas soldat, j'irai travailler dans la ville où demeure Sylvain, et je m'y établirai un peu plus tard ; car j'apporte quelques épargnes.

— Comment as-tu fait, Paul, lui dit son beau-frère, pour mettre quelque chose de côté? d'ordinaire, les compagnons ne sont guère économes, et d'ailleurs l'on n'a pas toujours de l'ouvrage.

— Jean, depuis qu'en cassant des pierres je suis descendu dans ma conscience, j'ai voulu m'imposer une pénitence pour me réconcilier avec moi-même. J'ai pris la résolution de ne me donner aucun plaisir et de vivre durement. J'ai donc peu dépensé pour ma nourriture, et je n'ai pas bu de vin depuis plus de trois ans.

— Et tu t'es tenu cette parole?

— Oui, je n'y ai jamais manqué, quoiqu'il m'en ait coûté beaucoup quelquefois ; mais, avec une bonne envie de faire son devoir et de la confiance en Dieu, on surmonte tout. »

Louis, qui avait écouté parler son frère avec la plus grande attention, le prit par la main, et le menant devant Jeanne, il lui dit :

« Mère, bénissez Paul. »

Jeanne retrouve un peu de bonheur.

Paul tira, et fut exempté par son numéro. Il avait alors vingt et un ans accomplis. Sa mère lui demanda s'il avait toujours, comme Sylvain, l'intention d'abandonner ses droits à Louis. Paul répondit qu'il ne demandait pas mieux. Il écrivit sur-le-champ à Sylvain, qui arriva avec le projet d'acte par lequel lui et Paul donnaient à leur sœur tout leur héritage, dont leur mère aurait l'usufruit, et Louis après elle.

« Mes frères, dit celui-ci qui avait attentivement écouté la lecture de l'acte, Jean n'a pas besoin qu'on lui donne quelque chose pour me garder, car il aime le pauvre simple comme s'il était son enfant.

— C'est bien dit, ça, mon Louis ! s'écria Jean ; viens, mon garçon, que je t'embrasse, toi qui as vu clair dans mon cœur !

— Louis, dit Sylvain, Jean peut mourir avant toi, et il faut que tu aies quelque chose à cultiver toi-même et une maison pour demeurer ; et tu ne seras pas fâché qu'après toi la famille de Jean en profite. »

. Jeanne retrouva un peu de tranquillité ; sa fille, qui la laissait maîtresse à la maison, prenait l'ouvrage qu'elle trouvait à faire, et était employée la moitié de l'année chez Mme Dumont. Jean était un véritable fils pour sa belle-mère, et se montrait plein d'attentions. Il avait pris Louis en grande affection, et disait qu'il serait un jour, comme son père, le meilleur laboureur du pays. Ce pauvre garçon, qui n'était guère guidé que par ses instincts, chérissait son beau-frère et lui était fort soumis ; car il sentait bien qu'il en était véritablement aimé. Il allait quelquefois voir sa marraine tout seul, le matin, quand il croyait ne trouver personne chez elle. Alors, il la prenait par la main et la conduisait au piano, puis la priait de chanter, et se mettait à ses genoux ; et, quoique la musique le fît toujours pleurer, il s'en retournait tout heureux chez sa mère, et pendant deux ou trois jours il semblait avoir l'esprit plus ouvert.

Paul s'établit à la ville, où, après quelques années, il prit une boutique et épousa la fille de Louise et du colporteur. Jeanne, dans ses vieux jours, fut donc aussi heureuse que possible en voyant ses enfants dans l'aisance, et surtout en grande estime dans le pays ; elle disait quelquefois :

« Ah ! si mon pauvre grand Louis était là, serait-il heureux de vous voir, mes enfants, si bien établis !

— Ma mère, répondait Paul, vous lui rendrez bon compte de la famille qu'il vous a laissée ; car en d'autres mains que les vôtres j'aurais mal tourné. Aussi je vous promets de ne jamais rudoyer mes enfants ; non-seulement cela ne les corrige pas, mais ils s'endurcissent, au contraire, par les mauvais traitements. »

Jeanne vieillit doucement au milieu de sa famille et mourut dans un âge fort avancé, regrettée de tout le monde, et surtout de ses enfants, qui ne l'oublièrent jamais.

FIN.

TABLE DES MATIÈRES.

FIN DE LA TABLE DES MATIÈRES.

BOURLOTON. — Imprimeries réunies, A, rue Mignon, 2, Paris.